VIIH TUBE CANCELADA

O QUE A INTERNET NÃO MOSTRA

AGIR

Copyright © 2021 by Viih Tube

Direitos de edição da obra em língua portuguesa no Brasil adquiridos pela Agir, selo da Editora Nova Fronteira Participações S.A. Todos os direitos reservados. Nenhuma parte desta obra pode ser apropriada e estocada em sistema de banco de dados ou processo similar, em qualquer forma ou meio, seja eletrônico, de fotocópia, gravação etc., sem a permissão do detentor do copirraite.

Editora Nova Fronteira Participações S.A.
Rua Candelária, 60 — 7º andar — Centro — 20091-020
Rio de Janeiro — RJ — Brasil
Tel.: (21) 3882-8200

Dados Internacionais de Catalogação na Publicação (CIP)

T884c   Tube , Viih
            Cancelada : o que a internet não mostra / Viih Tube - Rio de Janeiro: Agir, 2021.
            128 p. ; 1 5,5 x 23 cm

        ISBN: 9786558370642

            1. Autobiografia - youtuber 2. Mídia social.
        I. Título

                                    CDD: 302.23
                                    CDU:829

André Queiroz - CRB-4/2242

Realização

SUMÁRIO

Capítulo 1
Oi, cancelador, tudo bem?, **6**

Capítulo 2
Minha história com o cancelamento, **19**

Capítulo 3
96%, **37**

Capítulo 4
Expectativa x realidade: o que a internet não mostra, **50**

Capítulo 5
Saúde mental: que história é essa?, **66**

Capítulo 6
Proteja-se!, **76**

Capítulo 7
Obrigada pela atenção!, **85**

Capítulo 8
Conselhos a um jovem influenciador, **95**

Capítulo 9
Existe vida após o cancelamento, **106**

Capítulo 10
Cancele o cancelamento, **120**

CAPÍTULO 1

OI, CANCELADOR TUDO BEM?

SIM, É COM VOCÊ MESMO QUE EU ESTOU FALANDO! MAS NÃO se assuste: garanto que, até o fim deste livro, você vai me entender.

Aqui quem fala é uma cancelada. Uma garota de 21 anos que, em pelo menos quatro momentos da vida, experimentou a dor de ver seus erros apontados em público, de ser alvo de ofensas, ameaças e todo tipo de humilhação. Apesar de muito jovem, há dez anos trabalho e vivo intensamente no universo da internet, que já me levou à glória, mas também já me arrastou para o fundo do poço.

Eu era uma criança quando comecei a publicar vídeos na internet. Sempre gostei de criar histórias, de pensar em roteiros e personagens, e me divertia muito com isso, mas a verdade é que eu não sabia onde estava me metendo. Aos poucos, meus vídeos passaram a ser vistos por mais e mais pessoas, e, quando me dei conta, eu tinha milhões de seguidores.

Tenho certeza de que, se todo mundo tivesse a adolescência exposta dessa forma, ninguém escaparia do cancelamento. Ninguém mesmo! Todo mundo faz besteira nessa fase, e comigo não foi diferente: já brinquei com o que não devia, já disse e fiz muitas coisas de que me arrependo. Acontece que um adolescente comum pode levar bronca dos pais, dos professores, pode até ser excluído de alguns grupos, criticado pelos amigos. Mas eu, não: eu fui criticada por *todo mundo*. Porque *todo mundo* via o que eu fazia. Isso é muito pesado, especialmente nessa fase da vida.

Canceladores me xingaram, atacaram a minha família, me agrediram (inclusive fisicamente, como mais tarde vou contar). Abalaram de verdade a minha saúde mental. Desejaram a minha morte e por pouco não tiveram esse desejo realizado!

Mas não posso acreditar que todos que me mandaram aquelas mensagens terríveis, que fizeram comentários negativos sobre mim e que me julgaram sejam pessoas cruéis. Era muita gente! Será que existe tanta gente ruim assim? Acho que isso só pode ser sintoma de algo maior, de uma espécie de "doença" coletiva.

Por isso, preciso voltar ao comecinho desse nosso papo e fazer uma pergunta que pode te deixar desconfortável:

já parou para pensar que você talvez seja um cancelador?

Aposto que agora você pensou mais ou menos o seguinte: "Não, Viih. Estou lendo este livro para que você me conte a *sua* história com o cancelamento! Mas não tenho nada a ver com isso". Pois é. A maioria das pessoas acha mesmo que não tem nada a ver com essa história. **O cancelador é sempre o outro, alguém de fora, um desconhecido...** Mas e nós? E você? Será que você já teve papel importante no cancelamento de alguém?

Aliás, antes desse papo, é preciso entender o que é essa tal "cultura do cancelamento". Quem são os canceladores? Onde vivem? Do que se alimentam? Calma, a gente vai chegar lá (mas, dando um spoiler, quero te dizer que canceladores geralmente se alimentam de ódio!).

Não tenho a intenção de encontrar uma definição perfeita para a cultura do cancelamento, já que não sou nenhuma estudiosa do assunto, mas, como alguém que viveu tudo isso muito intensamente, acho que tenho "lugar de fala" (outra expressão muito em voga) para dar a minha opinião. **`O cancelamento é típico da internet dos dias de hoje e, para mim, é um sinal de que a sociedade está doente.`**

"Cancelar" alguém pode até parecer uma forma de fazer justiça. Toda vez que uma pessoa comete um erro e esse erro se torna público, as redes sociais assumem o papel de tribunal. É como se, a partir daí, o caso ganhasse um gigantesco júri popular, em que famosos, não famosos e fakes se sentem à vontade para comentar, julgar, ofender, humilhar, debochar e até ameaçar o "réu", ou melhor, o cancelado da vez.

Às vezes, as pessoas são canceladas por um motivo banal, **`uma gafe, uma bobeira, uma brincadeira qualquer, sem relevância.`** Em outros casos, o cancelamento vem depois de uma fala ou de uma atitude preconceituosa, de um comportamento que realmente merece críticas. O problema é que a internet não sabe muito bem a diferença entre criticar e cancelar — mas esse é um assunto para mais tarde.

Na internet, qualquer um pode opinar sobre qualquer assunto, e muita gente usa esse espaço para destilar ódio, aproveitando-se do anonimato e do alcance que as redes sociais proporcionam. O cancelamento se espalha muito rápido e atinge principalmente os famosos, mas pode acontecer com qualquer um.

Você mesmo pode publicar um texto, uma foto ou um vídeo qualquer nas suas redes sociais hoje à noite, logo antes de dormir, e, amanhã cedo, acordar cem por cento "cancelado" porque alguém notou uma coisa considerada inadequada no seu post e compartilhou com outros contatos, que também compartilharam com outros contatos, que também compartilharam... De uma hora para outra, você vai receber diversas mensagens de pessoas que não te conhecem, que nunca

estiveram com você, mas que te acham ridícula, burra, feia, chata e querem que você morra, que você suma *real oficial*.

Cancelar, no fim das contas, é isto: querer que o outro desapareça, querer banir alguém deste mundo. Mas será mesmo que é possível "cancelar" uma pessoa? Dei uma olhada rápida no significado da palavra "cancelar" nos principais dicionários e encontrei definições como "invalidar o que foi considerado legítimo" e "interromper algo já combinado, programado ou contratado; suspender, anular". Você reparou que nada disso — invalidar, interromper, suspender, anular — pode ser feito com seres humanos?

A gente pode cancelar coisas, serviços, compromissos, mas não pode cancelar pessoas, descartá-las como se fossem equipamentos com defeito, que não servem mais. Quando começamos a pensar mais coletivamente, entendemos que somos todos responsáveis pelo que acontece no mundo, inclusive pelos problemas. **Então, se uma pessoa comete um erro, nosso papel como comunidade é orientá-la e educá-la, não excluí-la.**

A cultura do cancelamento é muito beneficiada pela velocidade e pelo alcance da internet, mas esse comportamento cancelador sempre existiu. Sempre houve fofoca, exclusão, julgamento, linchamento moral. Acho que é típica dos seres humanos essa vontade de saber o que se passa na vida alheia, de se sentir superior aos outros, de julgar e condenar as atitudes de alguém.

A diferença é que antigamente as pessoas se reuniam em praça pública para fofocar, para linchar e apedrejar aqueles que eram considerados imorais, aqueles que não eram dignos de fazer parte da sociedade. Hoje, isso é feito pela internet. Em poucos minutos, a reputação de uma pessoa pode ser destruída, sua vida pode ser exposta, sua família pode ser perseguida e ameaçada. `Infelizmente, falo desse assunto com muita propriedade.`

Foi por isso, aliás, que fiz aquela provocação no início do capítulo e pedi que você parasse para pensar se algum dia já foi um cancelador na vida de alguém também: porque esse é um assunto que me dói muito, e acredito que o primeiro passo para mudar essa realidade tão tóxica é assumir que todos nós fazemos parte do problema. Todos somos ou já fomos canceladores e temos responsabilidade sobre essa situação, que pode muitas vezes se voltar contra nós mesmos ou contra quem amamos.

Afinal, a internet e o mundo somos nós.

Provavelmente, você já julgou alguém por um comportamento que parecia errado, já espalhou uma fofoca sobre outra pessoa, já condenou a atitude de alguém sem saber muito bem a história e já sentiu tanta, mas tanta raiva de uma pessoa que teve vontade de gritar para o mundo inteiro saber que você não aguenta mais o fulano insuportável! Isso pode ter acontecido no seu círculo social mais íntimo, na sua família, entre os amigos, na escola, ou pode até envolver alguém que você nunca nem viu pessoalmente.

E então, será mesmo que você nunca foi um cancelador?

Mas, calma, a minha intenção com essa provocação não é fazer você se sentir culpado. Eu entendo que estamos todos inseridos nessa cultura e que é muito difícil não se deixar contaminar por ela. Às vezes, a gente age como cancelador e nem se dá conta disso, de tão comum que é esse comportamento hoje em dia. Eu mesma já cancelei muita gente sem perceber.

Minha ideia aqui é despertar o seu olhar sobre a sua participação nisso tudo. Acredito de verdade que só vai acontecer uma transformação verdadeira se as pessoas entenderem que todos nós somos influenciadores, não só as pessoas famosas e que trabalham com a internet. Todo mundo tem opinião, todo mundo tem certa influência. **Então, se nós somos responsáveis pela situação em que nos encontramos, nós também somos capazes de promover a mudança que queremos.** Estou sendo muito idealista?

Neste livro, vou contar como é a vida de alguém que já viveu na pele o cancelamento por diversas vezes — uma "menina" que "nasceu" no digital e experimentou o lado mais glamouroso, mas também o mais sombrio, desse universo. Quero falar da minha experiência para propor uma mudança.

Fiz da internet a minha profissão, meu sustento, minha vitrine e minha paixão. Mas a internet também já me afundou, de um jeito que eu não desejaria a ninguém. Por isso, tenho vontade de contribuir para transformar o ambiente digital num lugar mais saudável.

Não tenho a ilusão de que vamos chegar a um "paraíso virtual" sem nenhum tipo de problema ou treta, mas quem sabe a gente consegue construir um ambiente com um pouco mais de respeito e empatia?

E aí, topa vir comigo nessa?

Teste: Qual o seu nível de cancelador?

Já ficou claro que tanto eu quanto você somos, sim, canceladores! Todo mundo é, né? Então, chegou a hora de descobrir o seu nível de cancelador. Faça o teste, some as porcentagens entre parênteses das respostas de cada pergunta e descubra quanto de cancelador existe em você.

1. Você compartilha fotos das pessoas em grupos de amigos para comentar e falar mal?
( ) Sim. (+15%)
( ) Não. (-15%)
( ) Raramente. (5%)

2. Você faz comentários maldosos nas fotos de famosos ou influenciadores de que você não gosta?
( ) Sim. (+15%)
( ) Não. (-15%)
( ) Raramente. (5%)

3. Você fala mal de alguém nas redes sociais?
( ) Sim. (+15%)
( ) Não. (-15%)
( ) Raramente. (5%)

4. Você comenta coisas positivas nas fotos dos seus amigos, mas julga o que eles fazem pelas costas?
( ) Sim. (+15%)
( ) Não. (-15%)
( ) Raramente. (5%)

5. Você critica alguém nas redes sociais por alguma atitude que você mesmo já teve?
( ) Sim. (+10%)
( ) Não. (-10%)
( ) Raramente. (5%)

6. Você deixa de seguir algum famoso ou influenciador nas redes sociais depois de se decepcionar por algo que ele fez?
( ) Sim. (+10%)
( ) Não. (-10%)
( ) Raramente. (5%)

7. Quando você vê uma notícia boa sobre alguém de quem você não gosta, faz questão de relembrar algo ruim que essa pessoa fez?
( ) Sim. (+10%)
( ) Não. (-10%)
( ) Raramente. (5%)

8. Você deixa comentários maldosos em publicações de perfis de fofoca sobre famosos ou influenciadores de que não gosta?
( ) Sim. (+10%)
( ) Não. (-10%)
( ) Raramente. (5%)

Meu nível de cancelador é:

CARAMBA, EU NEM ME APRESENTEI DIREITO! DESCULPA, É que esse papo sobre cancelamento me deixa tão animada que até me esqueci de falar melhor de mim.

Meu nome é Vitória Felício Moraes, mas todo mundo me conhece como Viih Tube. Nasci na capital paulista, mas morei a vida toda em Sorocaba, no interior do estado. Desde muito pequena adoro criar histórias, gravar vídeos e escrever roteiros. Sempre gostei de inventar grandes enredos, de "pirar" na criatividade, e carrego essa paixão comigo até hoje.

Em 2013, aos 12 anos, criei um canal no YouTube. Para mim, aquela era uma maneira de me divertir e até de mostrar às pessoas o que eu gostava de fazer, mas de um jeito ainda bem amador. Eu gravava os vídeos no meu quarto e dava dicas de moda, mostrava os meus presentes de aniversário, meu material escolar, enfim, falava sobre a minha rotina de pré-adolescente. Naquela época, eu fazia cursos de teatro e de apresentação para a TV, na minha cidade mesmo, e sonhava com o dia em que seria atriz ou apresentadora.

Apesar de muito novinha, eu já sofria de transtorno de ansiedade e síndrome do pânico. Tinha crises na rua, na escola, e às vezes minha mãe precisava parar tudo que estivesse fazendo para me buscar em meio a um desses episódios. Nessa época, meus pais estavam se separando, e esse processo não foi nada fácil para mim: eles brigavam muito, e eu sentia que não se amavam, mas que tentavam continuar juntos por minha causa. Presenciei muitas brigas, muito choro.

`Eu nunca tive aquela família perfeita, sorridente e feliz que eu via nas propagandas de TV, mas sonhava com isso.` Aliás, eu idealizava tanta coisa naquela fase! Queria ter um namoro perfeito, amigos perfeitos, uma carreira perfeita (mal sabia eu...). Mas todas essas fantasias me trouxeram muitas frustrações: cada coisa que deu errado me machucou muito. E a separação dos meus pais foi a primeira das minhas desilusões.

Minha mãe passou a trabalhar em tempo integral para nos sustentar, e eu me sentia muito sozinha. Além disso, precisei mudar de casa e me afastei das minhas melhores amigas. Vivia triste pelos cantos. Mas, quando gravava os vídeos para o meu canal no YouTube, eu me sentia viva, feliz, plena. Era tão bom! Encontrei na internet e na produção desses vídeos uma maneira de extravasar, de dar asas à minha imaginação, de me sentir bem.

Por isso, sempre digo que a internet me salvou: criar conteúdo me distraía, me mantinha ocupada e me ajudava a esquecer os problemas e as angústias que, mesmo muito jovem, eu já sentia. Foi ali que descobri o que realmente gostava de fazer. Mas não podia imaginar o espaço que aquela "brincadeira" ocuparia na minha vida, no meu futuro.

O YouTube era um grande hobby, e eu nem sabia que dava para ganhar dinheiro com aquilo. Aliás, só fui descobrir que era possível monetizar meus vídeos dois anos depois da criação do canal, quando recebi um e-mail dizendo que eu tinha cem dólares de crédito na plataforma. Lembro que levei um susto: não entendi nada e achei que tivesse infringido alguma regra e estava devendo dinheiro ao YouTube!

Aos poucos, aqueles vídeos tão simples que eu gravava em casa, com a minha câmera zero profissional, começaram a fazer sucesso. Mais e mais pessoas se inscreviam no meu canal e me seguiam nas redes sociais para acompanhar as minhas dicas e a minha rotina. Passei a ter dezenas de seguidores,

depois milhares, até chegar à casa dos milhões. E eu ainda era uma criança! Não fazia ideia do que significava ter tanta gente de olho em mim.

A primeira surpresa positiva que tive com a internet foi quando realizei um encontro com os meus fãs, em 2015. Eu imaginava que, no máximo, cinquenta pessoas fossem aparecer no evento, mas me vi diante de mais de 3.500 adolescentes gritando o meu nome. Naquele dia fiquei muito emocionada e senti que estava no caminho certo. **Até hoje não me esqueço da emoção que senti naquele encontro, da alegria que era me sentir querida por todas aquelas pessoas.**

Mas não demorou muito para que eu conhecesse o lado sombrio da internet. Aos 14 anos, quando meu canal já tinha milhares de inscritos, publiquei um vídeo mostrando o material escolar que eu havia comprado para o ano letivo de 2015. Entre canetas coloridas, borrachas e adesivos, mostrei um caderno que trazia na capa uma obra do pintor brasileiro Romero Britto. O problema é que, aos 14 anos, eu não conhecia muito sobre arte e acabei dizendo no vídeo que a estampa da capa era do espanhol Pablo Picasso. **A internet não perdoou.**

Aquele foi o meu primeiro cancelamento. A expressão nem existia na época, mas foi exatamente o que aconteceu: aos 14 anos, fui cancelada pela primeira vez. Milhares de pessoas deixaram comentários no meu canal e nas minhas redes sociais me chamando de burra, ignorante, idiota. Na escola, meus colegas debochavam, riam de mim, e uma professora fez o "favor" de incluir numa prova uma questão sobre os pintores Romero Britto e Picasso, contribuindo com a minha humilhação diante da turma e fazendo todos rirem de mim. Eu disse a todo mundo que levei tudo na brincadeira e que nem me abalei com a repercussão dessa história, mas aqui neste livro preciso ser sincera com você: eu fiquei péssima.

A verdade é que o colégio nunca foi um lugar confortável para mim, e aquela não tinha sido a primeira vez que me senti humilhada e rejeitada pelos meus colegas. **Aos nove anos, eu já sofria com os comentários das outras crianças sobre o meu corpo.** Meu pediatra dizia que os meus hormônios tinham se desenvolvido muito cedo e que por isso eu já tinha pelos demais, principalmente nas pernas, o que fazia os outros alunos rirem de mim.

Eu não podia me depilar ainda, porque era muito nova e era um procedimento agressivo para minha pele, mas passei a usar meias do tipo três quartos para esconder os pelos, com vergonha do meu corpo. Não é surreal imaginar que uma menina de nove anos já pense em depilar as pernas para atender a um padrão sem sentido de uma sociedade machista? Pois foi o que aconteceu comigo. Além disso, durante três anos, tomei injeções mensais para atrasar a chegada da minha primeira menstruação, porque eu não queria correr o risco de menstruar muito cedo e acabar ficando baixinha demais — mais uma coisa que fiz contra meu corpo para seguir uma imposição da sociedade.

Sofri bullying de verdade diversas vezes no colégio, mas as coisas pioraram quando me tornei conhecida na internet. Bullying e cancelamento são duas coisas muito parecidas, já que nos dois casos a vítima se sente rejeitada, humilhada, excluída. Mas no cancelamento, que é típico da internet, a vergonha e a humilhação podem tomar proporções ainda maiores. Rapidamente, a história se multiplica, se espalha, foge do controle. Então, imagine como estava minha cabeça, aos 14 anos, sendo alvo de bullying pelos colegas de escola e cancelada por desconhecidos na web!

Hoje, quase todo adolescente quer ser youtuber, tiktoker, influenciador digital. Mas, quando criei meu canal, em 2013, tudo era muito diferente. Ter um canal no YouTube, naquela época, era motivo de chacota. Os colegas faziam plaquinhas com o nome "Viih Tube" e deixavam na minha mesa, para debochar. No recreio, eu lanchava sozinha, na sala de aula mesmo, com medo de ser alvo de olhares, risinhos maliciosos e cochichos no pátio. Era terrível. E, naquela época, eu achava que já conhecia todo o sofrimento que o julgamento alheio poderia me trazer.

Mal sabia eu que tudo estava só começando.

Logo depois daquela história de confundir Romero Britto com Picasso, aconteceu outra coisa muito mais grave. Um ex-namorado meu expôs uma foto nossa relativamente íntima e alegou que foi sem querer. Eu tinha só 14 anos e era virgem, mas a divulgação daquela foto me deixou numa situação muito constrangedora. Eu poderia dizer aqui que não estava fazendo nada do que a imagem sugeria e que aquela foto não representava o que realmente estava acontecendo no momento, mas talvez ninguém acredite. O que posso garantir é que eu nem sabia que estava sendo fotografada. Vi aquela foto pela primeira vez junto com todo o Brasil, pela internet.

Hoje, já não culpo mais o meu ex pela divulgação da foto. Acho que nunca vou saber se a versão dele, que a imagem vazou sem querer, é verdadeira. Nós nos tornamos grandes amigos, sei que ele tem um coração enorme e só desejo o seu bem. Sei também que naquela época ele era só uma criança, um bobo, imaturo, exatamente como eu, então não vale a pena remoer esse assunto, que ficou no passado. **Mas não posso negar que esse episódio me traumatizou profundamente, como, aliás, acontece com diversas meninas e mulheres vítimas do vazamento de fotos íntimas.**

Em primeiro lugar, senti uma decepção profunda. Aquele menino foi o meu primeiro amor, e eu idealizava muito o nosso relacionamento! Achava que ficaríamos juntos para sempre, que ele seria o único amor da minha vida, que nós nos casaríamos e teríamos filhos lindos, uma família perfeita! E ali estava eu, tendo a minha intimidade exposta pelo meu príncipe encantado. Mais uma desilusão, mais uma fantasia indo por água abaixo.

Quando a minha família descobriu o que havia acontecido, meu mundo caiu. Não consigo descrever a vergonha que senti naquele momento. Se eu pudesse, teria sumido do mapa, me tornado invisível. Meus parentes, que são evangélicos, ficaram muito decepcionados comigo, o que me deixou arrasada. Porém, o mais cruel dos julgamentos veio de desconhecidos, de pessoas que viram minha foto na internet e fizeram memes machistas, debochando de mim, da minha intimidade, me julgando. Mais uma vez, virei chacota.

Ao mesmo tempo, meus números nas plataformas digitais só cresciam. Seguidores, inscritos, engajamento, alcance, visibilidade... Tudo isso aumentava conforme a fofoca se espalhava pelas redes, mas isso pouco me importava: não era assim que eu queria crescer. Aliás, este é um fenômeno muito curioso que acontece na internet: um escândalo pode alavancar muito o número de seguidores de alguém. **As pessoas gostam desse tipo de história e querem acompanhar**

todos os detalhes de perto, mesmo que seja para julgar e criticar. Esse comportamento, para mim, é uma das coisas mais irritantes e tristes da internet. Não consigo entender de onde vem essa vontade mórbida de saber tudo sobre a desgraça do outro, de criar boatos e fanfics para fazer o assunto render por mais tempo. É simplesmente ridículo.

Doía demais ler os comentários sobre mim. Eu pensava no que seria da minha vida e achava que, depois desses episódios, meus sonhos estavam acabados. Eu era só uma adolescente, mas já me preocupava com o futuro, com a minha carreira. Queria ser atriz, mas também sonhava em ser médica. Como toda menina da minha idade, ainda estava um pouco confusa quanto aos rumos que seguiria, mas achava que, com um histórico tão conturbado, jamais conseguiria um bom emprego, uma oportunidade bacana. É muito triste ter esse tipo de medo aos 14 anos, no começo da vida.

Àquela altura, além de todo o bullying que vivi na escola, eu já havia sido cancelada na internet duas vezes — primeiro pela gafe do Romero Britto, depois pelo vazamento de uma foto íntima. Até então, eu me considerava uma menina muito tranquila, mas essas experiências com o bullying e o cancelamento despertaram em mim uma rebeldia que eu desconhecia.

Eu estava triste, devastada, com raiva do mundo. Tinha medo de sair, de ser atacada por estranhos. Meu namoro tinha acabado, minhas amigas estavam longe de mim, meus pais haviam se separado e eu tinha sido cancelada na internet, o único ambiente em que ainda me sentia bem... **Nenhum dos meus sonhos tinha dado certo, e eu me sentia um fracasso total.** Mudei minha forma de ver a vida, de me vestir, de falar. Abandonei as minhas ilusões de menina e entendi que precisava ser forte.

Mas a minha rebeldia adolescente acabou me levando a mais um cancelamento — e esse foi o que quase acabou comigo. Em 2016, aos 15 anos, eu fiz uma brincadeira nojenta, da qual até hoje me arrependo amargamente. Publiquei no SnapChat um vídeo em que eu aparecia cuspindo na boca do meu gato (eu prefiro falar "babando", a palavra "cuspindo" me machuca muito!). Não vou tentar me justificar ou explicar o que não tem explicação. Foi uma brincadeira ridícula, uma atitude totalmente errada, mas é bom lembrar que eu era uma garota de apenas 15 anos, ainda muito imatura e inexperiente, ape-sar de tudo o que já havia sofrido.

Dez minutos após a publicação do vídeo, eu percebi que tinha feito besteira, que não deveria ter postado aquela brincadeira idiota, mas já era tarde demais. Foi muito rápido: postei o vídeo e, de repente, o cancelamento chegou com força total. Durante vários dias, meu nome não saiu do topo da lista de assuntos mais comentados da internet.

Milhões de pessoas me atacaram, me acusaram de ser uma criminosa, uma pessoa cruel, alguém que merece sofrer. Os comentários que mais me machucaram foram os que me acusaram de maltratar os animais. Sei que prometi não tentar me explicar, mas preciso dizer que meus gatos e cachorros sempre foram os grandes amores da minha vida e, além da minha mãe, as únicas companhias que jamais me abandonaram. Admito que era uma adolescente ingênua, boba, e que fiz uma brincadeira estúpida. **Mas nunca machucaria ou causaria qualquer mal a um bichinho de propósito, por maldade, como as pessoas diziam na época.** Eu trouxe meu gatinho de Manaus. Ele estava abandonado na rua; fiz de tudo para colocá-lo no avião e o trouxe para minha casa. Dei a ele um lar, uma família e amor.

No meu direct, recebi mensagens como "Morre, você é uma doença", "Você é um lixo humano", "Você não merecia existir". A hashtag #ViihTubeVoltaProÚtero bombou. Outros influenciadores aproveitaram o hype e o interesse do público nesse assunto para gravar vídeos sobre mim, me expondo ainda mais e fazendo o assunto render por muito mais tempo. **Jornais, sites, programas de TV, vários veículos repercutiram o assunto.**

O problema não era só o volume enorme de comentários sobre a história, mas a agressividade que as pessoas usavam para falar de mim. Pouca gente se lembrou, ao comentar o ocorrido, de que eu era apenas uma adolescente. Cobravam de uma garota de 15 anos a maturidade e a responsabilidade de uma adulta! Sofri demais, me senti a pior pessoa do mundo diante daquela avalanche de comentários e ataques. Tive muito medo do que poderiam fazer comigo e com a minha família. A dor era tão grande que eu quis desistir da vida, como vou contar mais tarde.

Deixei de ir à escola por um bom tempo, porque sair de casa era impossível. Eu era xingada por onde passava. Para tentar me poupar, meus pais apagaram todos os aplicativos de redes sociais do meu telefone e eu passei um período sem acesso a nenhum comentário, matéria ou post sobre esse caso. Eu sumi. Um dia, depois de passar um tempo trancada em casa, criei coragem para sair e decidi ir à padaria. No caminho, passei por um homem que, quando me viu, partiu para cima de mim e perguntou: "Não é você aquela mocinha do gato?" Ele então me deu uma rasteira e me chutou quando eu já estava no chão. Rolei por uma ladeira e consegui correr.

Em casa, machucada e desesperada, não tive coragem de contar à minha mãe o que havia acontecido e acabei mentindo para explicar os machucados: disse que tinha tropeçado na rua e rolado por um barranco. **A vergonha, a culpa e o medo me impediram de falar sobre a agressão que sofri.**

Passei meses relembrando aquela cena em silêncio, tendo pesadelos com o meu agressor, com medo de que ele aparecesse mais uma vez. Até hoje penso no que poderia ter acontecido se eu não tivesse conseguido correr, porque ele parecia estar completamente bêbado, ou sob efeito de drogas, e a expressão no seu rosto era de pura raiva. Algum tempo depois desse trauma, outro acontecimento foi muito marcante na minha vida: minha tentativa de suicídio. Mas esse é um assunto que eu vou te contar um pouquinho mais à frente.

Anos depois, finalmente conversei com a minha mãe e contei toda a verdade sobre aquele dia. Ela ficou indignada e quis que eu prestasse queixa, mas eu achava que não suportaria ter que reviver aquele momento. Além do mais, muito tempo já tinha se passado, e dificilmente seria possível identificar o homem que me agrediu.

Escolhi tentar passar por cima daquele trauma porque, além da dor que eu sentia por ter sido atacada, havia também a culpa. É como se, depois de tanto ouvir que eu era a pior pessoa do mundo, eu tivesse me convencido disso também. No fundo, achava que merecia sofrer e pagar pelo que tinha feito. Mas hoje entendo que não, hoje sei que mulher nenhuma merece apanhar. Portanto, se você tiver sofrido qualquer tipo de violência, denuncie! Não faça como eu fiz na época, não deixe que a vergonha, a culpa ou o medo te calem.

Naquela época, minha vida era um pesadelo. Na internet, pedi desculpas, me humilhei, chorei, implorei o perdão das pessoas, pedi que ao menos parassem de me atacar, mas nada adiantou. Aliás, é sempre assim quando se trata de cancelamento. Você pode reconhecer que errou, pode mostrar que quer aprender e evoluir, pode pedir desculpas, mas nada será suficiente. E sabe por quê? Porque o cancelador não quer que você aprenda, evolua, melhore. Ele quer que você morra. Que você suma, que seja eternamente xingada, ameaçada e ofendida pelo que fez, mesmo que o tempo passe e você amadureça. Quer se sentir superior a você, para sempre.

O sonho do cancelador é que o cancelamento seja irreversível e o cancelado sofra eternamente as consequências do que fez, sem chances de arrependimento. Pode parecer exagero, drama, mas é exatamente assim. Até hoje, seis anos depois da publicação daquele vídeo, ainda tem gente que insiste em resgatar esse assunto, em falar sobre isso nos comentários dos meus posts, em relembrar essa história para me acusar, como se eu já não tivesse aprendido a lição — e do pior jeito possível. Só eu sei como foi difícil passar por isso na época. Até hoje não consigo falar sobre esse assunto sem sentir vergonha e vontade de chorar.

Para quem está de fora, o cancelamento traz uma sensação de superioridade, dá uma vontade enorme de fazer parte do grupinho que está por cima. É quase irresistível: se todo mundo está falando mal de fulano, por que não me juntar a eles? **E é exatamente sobre isso que quero conversar com você neste livro.**

Eu fui cancelada, excluída, humilhada, atacada e ameaçada — e nada disso me ajudou a ser uma pessoa melhor. O que de fato me tornou uma pessoa melhor foi o acolhimento que recebi da minha família, além das conversas que tive com

psicólogos e amigos, das leituras que fiz depois desses episódios. É claro que as críticas são importantes — muitas vezes, é a partir de uma crítica que a gente percebe que está errando —, mas o cancelamento extrapola isso e transforma o que poderia ser um debate saudável num linchamento virtual.

Hoje, aos 21 anos, olho para todas essas histórias e tenho vontade de chamar a Viih adolescente para conversar. Queria poder dar um abraço naquela menina, tão ferida e machucada pelo julgamento dos outros, e dizer que vai ficar tudo bem, que esse furacão vai passar. Queria olhar nos olhos dela e dizer que, se ela estiver realmente arrependida, sempre dá tempo de mudar, de aprender, de recomeçar. Não importa o que digam os canceladores.

Eu não posso voltar no tempo para corrigir meus erros ou para ter essa conversa com a minha versão mais jovem. Mas posso falar com você, que está aqui agora lendo este livro. Se eu pudesse te dar um conselho, diria para não trocar, jamais, a oportunidade de conversar pela vontade de julgar. Em vez de atacar, prefira trocar uma ideia. Em vez de cancelar, procure entender, orientar, acolher.

A cultura do cancelamento só existe porque as pessoas a alimentam e só vai deixar de existir se nós realmente quisermos. Se não mudarmos, nada vai mudar.

E o próximo cancelado pode ser você.

EU NUNCA X EU JÁ

Esse, sim, é um jogo polêmico! Quero só ver se você vai falar a verdade agora, hein! Marque "eu nunca" ou "eu já" nas frases a seguir e veja se você é ou não um cancelador da internet — e reflita!

eu nunca / *eu já*

- ☐ ☐ Elogiei a foto de um amigo nas redes sociais.
- ☐ ☐ Xinguei um famoso em uma foto do Instagram.
- ☐ ☐ Compartilhei uma foto de outra pessoa para falar mal.
- ☐ ☐ Espalhei fake news sobre algum influenciador.
- ☐ ☐ Espalhei um segredo de algum amigo nas redes sociais.
- ☐ ☐ Fiz elogios na foto de algum famoso ou influenciador por gostar do trabalho dele.
- ☐ ☐ Compartilhei o conteúdo de um influenciador por admirá-lo.
- ☐ ☐ Falei mal de algum participante de reality show no Twitter.
- ☐ ☐ Critiquei na internet comportamentos que eu mesmo já tive.

CAPÍTULO 3

96%

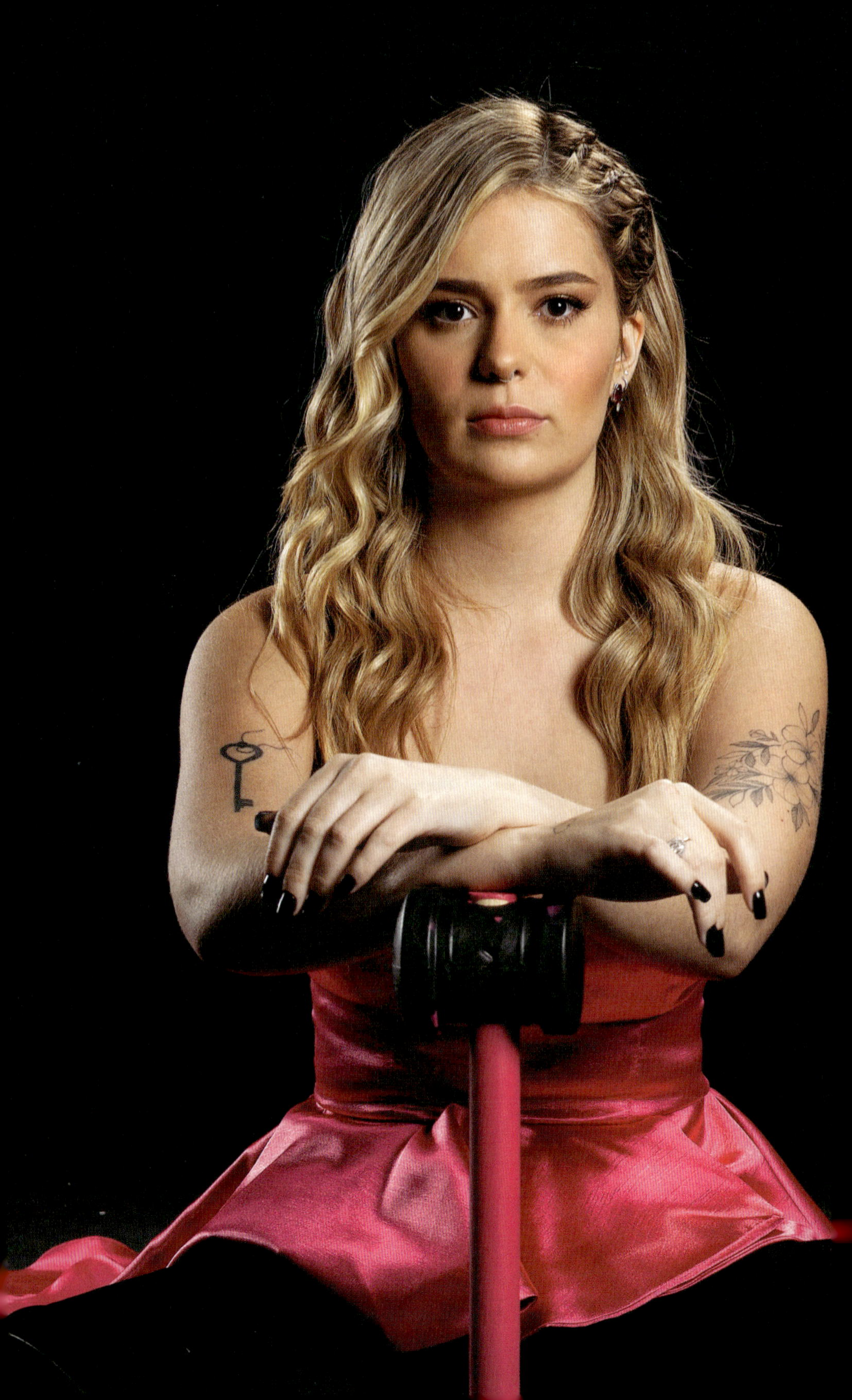

NOVENTA E SEIS POR CENTO DE REJEIÇÃO. VOCÊ CONSEGUE imaginar como se sentiria ao saber que foi eliminado de um reality show com essa porcentagem de votos do público? Vou te contar como eu me senti.

Naquele momento, um arrepio passou pelo meu corpo todo, como um vento gelado, enquanto eu sentia meu coração disparar e minha visão embaralhar. E eu lá, tentando pelo menos sorrir, numa transmissão ao vivo para todo o Brasil. Uma sensação deliciosa — *só que não*. **Todos os meus traumas, medos e fantasmas vieram à tona em frações de segundo, e eu só pensava numa palavra, não por acaso o título deste livro: "Cancelada".**

Não sei se posso chamar isso de sorte, mas eu já conhecia muito bem a sensação, e isso me ajudou a enfrentar tudo que vivi naquele momento. Às vezes me pego pensando nas pessoas que entraram no programa sem a vivência que eu já tinha com a exposição, com a falta de privacidade e, principalmente, com o cancelamento. **Se foi difícil para mim, pode ter sido ainda mais confuso para quem chegou agora a esse universo, diretamente do anonimato.**

Acho que, de certa forma, os três episódios de cancelamento pelos quais passei antes de entrar no reality, especialmente o último, me prepararam para lidar com o julgamento do público. Pode parecer estranho, mas a verdade é que eu já me acostumei a ouvir as pessoas dizerem coisas horríveis sobre mim. É como se eu tivesse criado uma casca, uma camada protetora, sabe? Mas nada disso me impediu de sentir o impacto daquele número.

É claro que me deixa triste pensar que 96% das pessoas que assistiam ao programa quiseram me tirar de lá — embora não seja exatamente isso o que o número representa, já que muita gente vota mais de uma vez, sem falar nos mutirões promovidos pelos fã-clubes de participantes, que estimulam que cada fã vote centenas e até milhares de vezes.

Aliás, é muito comum em reality shows essa espécie de efeito manada. As pessoas gostam de se juntar para eliminar um participante e dedicam horas e horas da vida a isso, às vezes sem qualquer motivo, sem qualquer antipatia especial por aquele competidor, só mesmo pelo desejo de fazer parte de um grupo e unir forças para alcançar um objetivo. O "prêmio" dessas pessoas é o gostinho de derrotar alguém e ainda assistir à cena da eliminação comendo pipoca, vibrando como um torcedor de futebol em dia de final de Copa do Mundo (porque o reality show é um jogo também, assim como o futebol, só que de um jeito bem diferente), enquanto o participante tenta entender o que está acontecendo. **Todos entram no programa sabendo como ele funciona e que seria exatamente assim, sem tirar nem pôr, mas, quando estão vivendo na pele, precisam assimilar que sua vida a partir dali virou de cabeça pra baixo.**

Todo mundo gosta de ser querido, elogiado, enaltecido. Ninguém quer ser rejeitado. Mas, depois de todos esses anos sendo uma figura pública, entendi que a rejeição chega para todo mundo. Pode ser em maior ou menor proporção, mas, hoje, quem se torna conhecido é criticado em algum momento. Funciona quase como um termômetro de popularidade: se você nunca foi cancelado, é porque ainda não tem haters, e os haters infelizmente fazem parte da fama, já que é impossível agradar todo mundo, ainda mais na internet. Quando entendi isso, finalmente me acalmei. **É como se uma voz amiga me dissesse: "Fica tranquila, não é nada pessoal".**

Recuperada do susto que levei ao descobrir a porcentagem com que fui eliminada do programa, pude ver as coisas com mais clareza. Hoje, meses depois, vejo que essa experiência foi fundamental para que eu pudesse evoluir ainda mais e, principalmente, me libertar.

Minha vida sempre foi muito exposta, desde a infância. Antes mesmo de criar um canal no YouTube, eu já fazia peças de teatro em Sorocaba e era conhecida na cidade. Ou seja, câmeras, flashes, nada disso era novidade para mim quando decidi topar o desafio de passar meses confinada com pessoas que eu não conhecia, numa casa repleta de câmeras, sendo transmitida ao vivo para todo o país, 24 horas por dia. Afinal, essa já era a minha vida fazia muito tempo. Eu sempre me senti vigiada, sempre dormi e acordei pensando no que estavam falando de mim, sempre soube que meus erros seriam vistos por um monte de gente.

Também não era a primeira vez que eu precisava lidar com o desafio de agradar ao público para permanecer onde estava. Não me lembro de uma fase da minha vida em que agradar às pessoas não tenha sido uma preocupação. **Sempre busquei a aprovação dos outros e, sem perceber, escolhi uma profissão que depende disso (afinal, o que é um influenciador digital sem seus seguidores e fãs?).** Mas foi justamente quando participei de uma competição baseada no julgamento e na busca pela aprovação que eu me libertei dessa paranoia.

Por mais irônico que pareça, foi ali, num programa em que o mais importante era conquistar a simpatia do público, que eu consegui parar de ligar para o que os outros pensariam de mim. É claro que eu me preocupava um pouco com a possibilidade de (mais um!) cancelamento e pensava nos efeitos que uma repercussão negativa da minha participação no programa poderia ter na minha carreira e na minha vida. Todo mundo lá pensava nisso, embora pouco se falasse sobre o assunto. Era uma espécie de fantasma que ninguém via, ninguém mencionava, mas que pairava sobre nós: o fantasma do cancelamento.

Ainda assim, eu sentia que, num lugar como aquele, não tinha jeito: todos me veriam, o tempo todo, e nem adiantava tentar vigiar minhas atitudes ou criar um personagem. Por isso, encarei aquela experiência como uma oportunidade de fazer as pessoas finalmente me conhecerem e tirarem suas próprias conclusões. Era como dizer ao mundo:

"Pronto, essa sou eu".

Se gostassem, ótimo. Se não gostassem, paciência. Pelo menos eu não precisaria mais pisar em ovos e calcular todos os meus passos e palavras. E foi exatamente o que aconteceu.

Talvez você não entenda a importância dessa minha decisão, mas, para uma pessoa que passou a vida inteira se sentindo reprimida, com medo de errar, de ser malvista e atacada, foi como tirar um peso enorme das costas. Sim, eu saí do programa cancelada, mas com a sensação de que não devia nada a ninguém, sem medo de mostrar quem sou. Fui cancelada por ser uma pessoa comum, que erra e acerta, igualzinha a todo mundo que me assistia e me julgava do conforto e da privacidade do próprio sofá. Isso me traz muita tranquilidade.

Agora que todo mundo já me conhece, sinto que nunca mais terei medo de ser eu mesma. O país inteiro já me viu sendo grosseira, impaciente, chorona, estrategista, manipuladora... E eu te garanto que isso não é ruim. Pelo contrário: agora eu não tenho mais nada a esconder, e o medo da opinião alheia nunca mais vai me atormentar.

Não existe alívio maior que esse! Que sensação libertadora!

Mas teve outra coisa fundamental para que eu saísse de lá me sentindo leve: passei três meses sem acesso às redes sociais! Um acontecimento inédito na minha vida — e uma experiência que recomendo a quem estiver disposto a tentar. Você tem ideia do que é, para uma garota acostumada a acompanhar a repercussão de todos os seus atos, de repente não ter mais nenhum acesso ao que os outros diziam? Isso, sim, foi revolucionário, muito diferente de tudo que eu já tinha vivido.

Fora do programa, é muito fácil saber a opinião das pessoas sobre mim. A cada foto que posto, recebo milhares de comentários em segundos e consigo descobrir quase imediatamente se meus seguidores gostaram do que publiquei ou concordaram com o que eu disse. Mas, durante o confinamento, sem poder ver o que as pessoas comentavam a meu respeito, passei a me censurar muito menos.

Não tinha medo de falar o que pensava ou sentia. De vez em quando, até "encanava" com alguma frase que soltava lá dentro, achando que poderia ser mal interpretada, mas, como era impossível prever as reações do público, eu nem perdia muito tempo pensando nisso. Não adiantava tentar agradar, era muito difícil saber o que as pessoas estavam achando de nós.

Muitos ex-participantes do programa dizem em entrevistas que se esqueciam de que estavam sendo filmados. Tem gente que duvida disso, mas é verdade. **Não sei explicar como acontece, mas parece que a gente entra numa fantasia e passa a achar que ninguém está vendo o que acontece ali, ou que, pelo menos, as pessoas não estão vendo tudo, não vão julgar tudo. Mas vão, sim.**

Até a frequência com que eu tomava banho foi pauta! Aliás, eu já imaginava que o assunto fosse gerar piada, só que esperava apenas comentários divertidos, memes, enfim... aquela boa e velha zoação da internet. Mas, para a minha surpresa, até isso gerou *hate*. Li vários comentários maldosos, estúpidos e grosseiros, ataques contra mim por algo tão banal. Isso me fez enxergar que nem sempre o cancelamento acontece porque as pessoas estão preocupadas em defender uma causa, uma bandeira importante. Às vezes elas só querem pegar alguém para odiar.

Minha relação com a minha família também foi julgada, de certa forma. Muita gente comentava que eu devia ter problemas de relacionamento com os meus pais, porque várias vezes comparei outros participantes do programa a eles. Na verdade, minha família é minha grande referência. Tenho pouquíssimos amigos e, embora nem sempre as pessoas lembrem, ainda sou muito jovem, então realmente tenho nos meus pais o meu alicerce.

Por isso, enquanto eu estava confinada, várias situações me faziam mesmo lembrar deles: uma frase dita por um participante, o jeito de olhar de outro, uma risada... Então, quando eu dizia que alguém lá dentro me lembrava o meu pai ou a

chata irritante forçada
falsa   mimada

minha mãe, não era uma tentativa de bajular aquela pessoa. **Era simplesmente porque meus pais são tudo o que tenho. Eles são meu repertório, minha base — e eu morria de saudade deles.** Mas, se as pessoas quiserem achar que eu falava sobre isso no programa por falsidade, tudo bem também. Tá vendo como eu sou uma nova garota?

A real é que hoje eu me sinto "calejada" a um ponto que, sinceramente, o que dizem de mim não me machuca mais — às vezes me entristece ter ficado tão fria, mas eu já passei por tanta coisa que me acostumei a ser atacada. O único medo que ainda tenho é o de decepcionar a minha família. Nunca pensei que esse momento chegaria, mas finalmente me sinto em paz.

Essa tranquilidade me ajudou até mesmo a compreender as críticas que recebi durante o reality. Hoje eu entendo, de coração, grande parte do que foi dito sobre mim. Entendo que tenham me considerado arrogante, competitiva, inteligente (pelo menos esse elogio eu recebi!) e até falsa. Sei que algumas das minhas atitudes contribuíram para que parte do público me visse assim — e não, não vou colocar a culpa no fato de eu ser leonina.

Com isso, não quero dizer que não me arrependo de nada do que fiz lá dentro ou que não refleti nada a partir das críticas que recebi. Pelo contrário, refleti muito e acho que hoje me conheço e me aceito muito melhor do que antes. Entrar no programa foi um ato de coragem, porque precisei encarar os meus defeitos bem de frente.

Não havia como fugir.

Agora, sinto que tenho mais consciência de quem sou, das minhas qualidades e falhas (e o Brasil inteiro também, mas isso é só um detalhe!). Sou uma pessoa totalmente diferente da que era quando entrei no programa e tenho certeza de que, se topasse outra vez uma aventura como essa, sairia novamente transformada. Em alguns meses, amadureci o equivalente a muitos anos.

A grande mudança, para mim, aconteceu quando entendi que tenho muitos defeitos, mas que não preciso apagá-los nem escondê-los. Todos nós temos um lado sombrio, egoísta, articulador, que pode aparecer no dia a dia ou em situações em que estamos sob pressão, como um reality show.

Todos temos nossas questões, mesmo as pessoas que aparentam ser supergenerosas, tranquilas, acima do bem e do mal. Aliás, ninguém está acima do bem e do mal: todo mundo tem um lado bom e um lado ruim, e eu acho que a nossa busca deve ser para que essas duas metades convivam em equilíbrio. Sim, eu tenho muitos defeitos. Mas vou te contar um segredo: você e os outros noventa e seis por cento também têm.

No programa, mostrei que sou imperfeita e cometo erros, como todo mundo. Talvez muita gente tenha se identificado com os meus defeitos — quem sabe não foi isso que incomodou tanto? Mas eu gostaria muito que as pessoas que me julgaram olhassem um pouco para si e enxergassem as próprias falhas. Afinal, apontar o dedo para o outro é muito fácil, mas encarar o espelho pode ser doloroso.

Não adianta tentar esconder ou sufocar os sentimentos que são considerados ruins, porque eles existem em todos os seres humanos. É muito melhor ter coragem para se conhecer de verdade, assumir quem você é e se amar apesar de tudo. Quando entendi que não precisava fingir ser outra pessoa, que bastava que eu me conhecesse melhor e me aceitasse como sou, tudo começou a mudar. Conclusão: tirei das minhas costas o fardo de querer ser sempre perfeita e não errar nunca. Entendi que a perfeição não existe e parei de me cobrar tanto. Hoje me sinto livre. Mas, sem essa experiência tão louca e profunda de autoconhecimento, talvez a transformação demorasse muito mais tempo.

Quando me lembro de como me sentia antigamente — triste, retraída, insegura —, chego a me emocionar. Hoje, sinto que sou outra. Podem me chamar de jogadora, falsa, estrategista, competitiva, do que quiserem. Só não se esqueçam de adicionar uma palavrinha à minha lista de "qualidades".

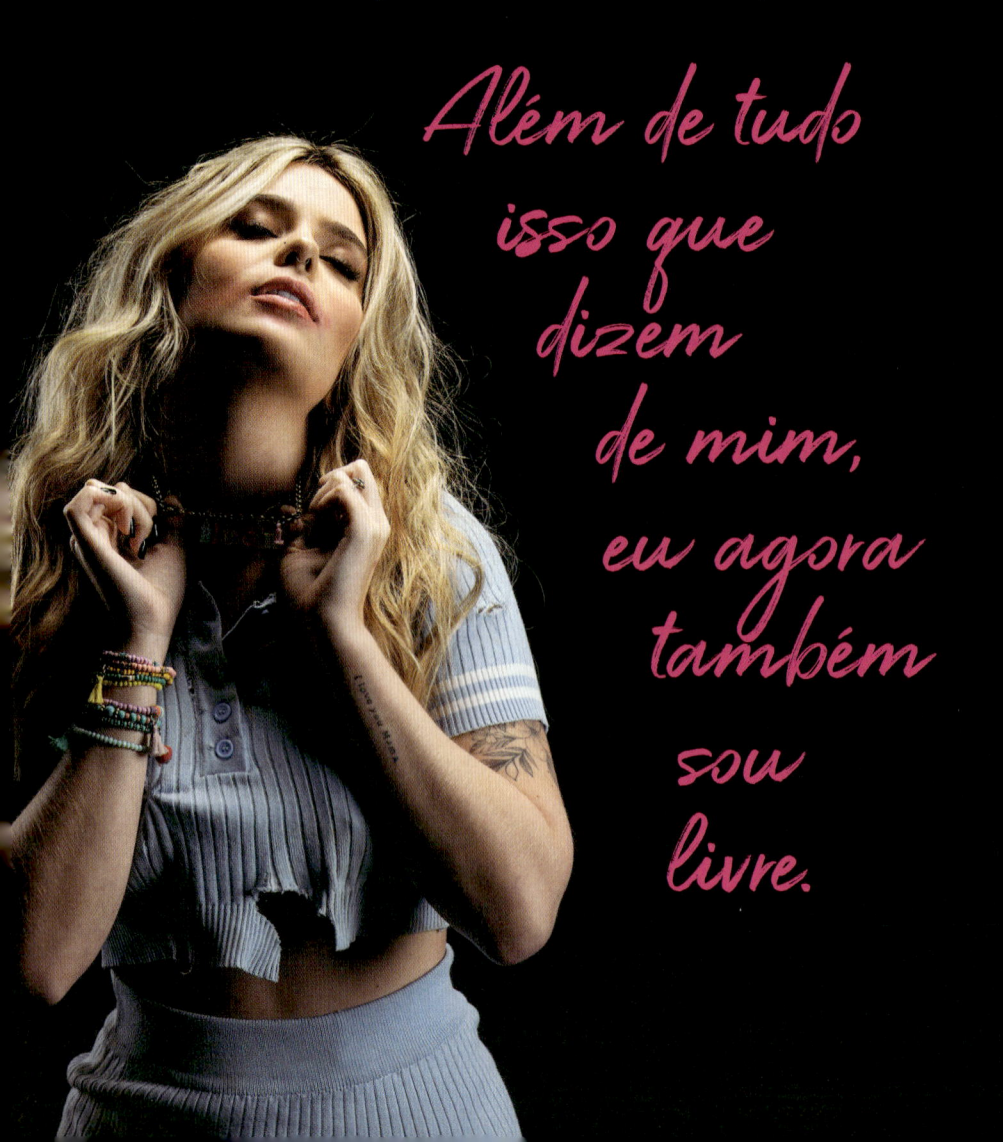

Além de tudo isso que dizem de mim, eu agora também sou livre.

FAÇA UMA AUTOAVALIAÇÃO E CALCULE SEU GRAU DE SATISFAÇÃO EM CADA UMA DESSAS ÁREAS ATUALMENTE E O QUANTO PRECISA MELHORAR.

As pessoas adoram dar pitaco na vida dos outros, julgar o que é certo ou errado e achar que são melhores do que as outras. Mas você já parou para avaliar a própria vida? Qual a porcentagem de satisfação que você sente por cada um desses aspectos? E quantos por cento você precisa melhorar?

FAMÍLIA:	0%	15%	25%	50%	75%	96%	100%
AMOR:	0%	15%	25%	50%	75%	96%	100%
SAÚDE MENTAL:	0%	15%	25%	50%	75%	96%	100%
ATIVIDADES FÍSICAS:	0%	15%	25%	50%	75%	96%	100%
VIDA SOCIAL:	0%	15%	25%	50%	75%	96%	100%
REDES SOCIAIS:	0%	15%	25%	50%	75%	96%	100%
ESTUDOS:	0%	15%	25%	50%	75%	96%	100%

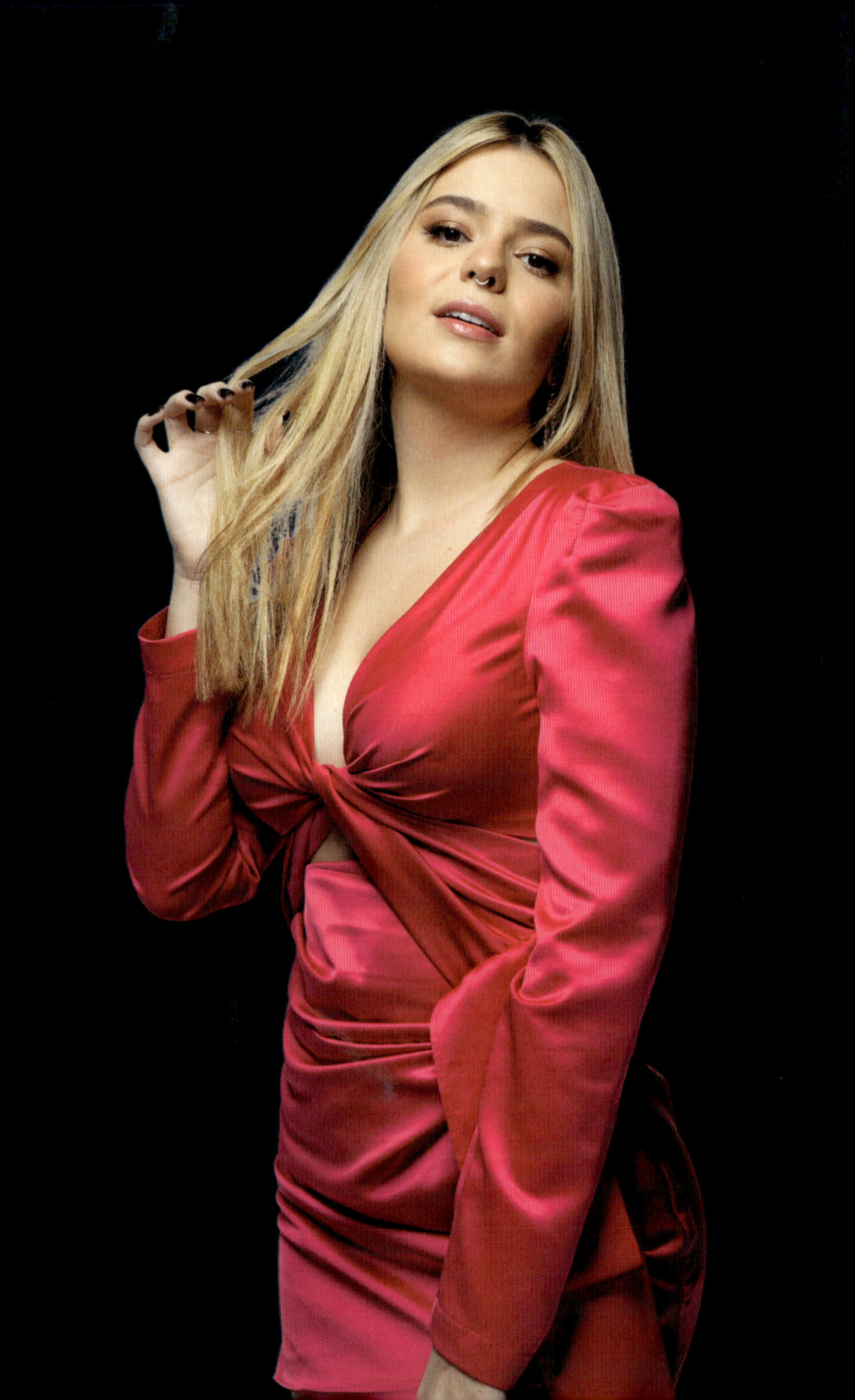

CAPÍTULO 4

EXPECTATIVA X REALIDADE

O QUE A INTERNET NÃO MOSTRA

VOCÊ JÁ DEVE TER VISTO AQUELE MEME QUE COLOCA DUAS fotos lado a lado com a legenda "expectativa x realidade". Sabe quando você se inspira num tutorial de *make* bafo e tenta fazer igual, mas acaba com o rosto todo borrado, parecendo que levou uma chinelada em cada bochecha? Ou quando você tenta copiar uma receita "superfácil" de um bolo lindíssimo e o resultado é uma maçaroca toda torta e meio solada?

Pois é, esse meme representa como vi a minha vida por muito tempo. De um lado, as minhas expectativas, ilusões e sonhos. Do outro, a realidade amarga que aos poucos destruiu cada uma das minhas fantasias. Isso a internet não mostra — mas, aqui neste livro, eu vou te contar tudo.

Sempre fui uma menina muito sonhadora. Passava horas imaginando como seria o meu futuro, planejando ter uma família perfeita, um casamento perfeito, uma carreira perfeita… **Eu queria que tudo fosse perfeito, dentro de todos os padrões — e talvez esse tenha sido o meu maior erro.** Sonhar faz bem, mas eu sofri muito por criar expectativas altas demais, talvez até impossíveis de serem atingidas. Aprendi do pior jeito que a perfeição não existe, que na vida a gente faz o que dá, o que é possível, e que, como a gente gosta de dizer na internet, *tá tudo bem*.

A vida bem que tentou me avisar que não seria fácil. Desde os meus primeiros instantes nesse mundo, precisei lutar. Meu nome, aliás, é Vitória porque o meu nascimento significou um grande milagre para a minha família. Durante a minha gestação, minha mãe trabalhava em um shopping center, numa rotina muito pesada, exposta a um ar-condicionado muito forte. Além disso, ela enfrentava alguns problemas pessoais, e o casamento com o meu pai já não ia bem. Todas essas questões a deixaram muito fragilizada, e ela acabou desenvolvendo uma anemia profunda, que evoluiu para uma pneumonia dupla. Mas a situação ficou grave mesmo quando minha mãe teve um derrame pleural, que é um acúmulo anormal de líquido entre os pulmões.

Minha mãe e eu — ainda na barriga! — enfrentamos uma grande batalha. Ela precisou ser internada e submetida a um tratamento severo. Com o tempo, deixou de responder aos medicamentos e foi transferida de hospital diversas vezes, buscando todas as alternativas possíveis para melhorar. Os médicos tentavam de tudo, mas parecia que não haveria jeito. Depois de várias tentativas com remédios diferentes, minha mãe estava cada vez mais fraca e já não conseguia falar ou tomar decisões. Meu pai precisou responder por ela quando os médicos disseram que marcariam uma cirurgia para interromper a gravidez, porque não havia mais esperança de que conseguissem me salvar. **Eles precisavam, pelo menos, tentar salvar a vida da minha mãe.**

Ninguém sabe explicar como isso aconteceu, mas, na véspera da cirurgia, nosso quadro de saúde melhorou completamente. O líquido amniótico, que é o líquido que envolve o embrião e até então estava baixíssimo, tinha chegado a índices normais. Eu estava bem hidratada e protegida no útero, e acabou não sendo necessário interromper a gravidez para salvar minha mãe. Inacreditavelmente, eu nasci saudável, aos nove meses de gestação, e até hoje os médicos que acompanharam o caso têm certeza de que presenciaram um milagre.

Mas a beleza da minha história de superação familiar termina por aí. Quando eu tinha 11 anos, meus pais se separaram, e eu vi desabar o primeiro castelinho do conto de fadas que a minha imaginação havia criado. Aquela foi a primeira grande frustração da minha vida.

Eu sempre quis ter uma família perfeita, o que, para mim, significava simplesmente uma família feliz, que vive em harmonia. Mas a minha realidade nunca foi essa. Durante a maior parte da minha infância, meus pais brigavam feio em casa, e eu me acostumei a ver minha mãe passar noites inteiras chorando. Eles se separaram duas vezes, sempre de maneira muito conturbada. E eu era só uma garotinha, mas ouvia tudo, entendia perfeitamente o que acontecia e já me sentia frustrada por não ter a tal "família feliz".

Depois dessa primeira desilusão, que me trouxe muito sofrimento, tentei construir a *minha* vida perfeita, do *meu* jeito. Planejava, por exemplo, encontrar um amor e um dia perder a virgindade com ele, para depois me casar e ter lindos filhos — finalmente, a família de comercial de margarina! Nossa, agora vejo como isso é ridículo! **Queria também entrar na faculdade assim que terminasse o colégio e trilhar uma trajetória profissional impecável (tudo bem, pode rir, até eu rio disso).**

Bem, nada aconteceu do jeito que planejei. Meu primeiro namoro até que começou de um jeito romântico: ele morava em Portugal e nós vivíamos um relacionamento a distância, o que dava um toque especial de emoção à história. Depois ele veio para o Brasil, finalmente nos encontramos, e eu pude viver o meu primeiro amor, o que me fez um bem enorme. Eu fazia planos para a nossa "primeira vez", para o dia em que perderíamos a virgindade juntos. Como sempre, queria que o momento fosse especial, perfeito, mágico.

Mas o meu momento especial foi estragado por uma lembrança horrível. Pouco antes da minha "primeira vez", fui abusada por um garoto, em uma festinha que aconteceu dentro da minha própria casa. Eu me lembro perfeitamente das mãos dele segurando as minhas, para impedir que eu me

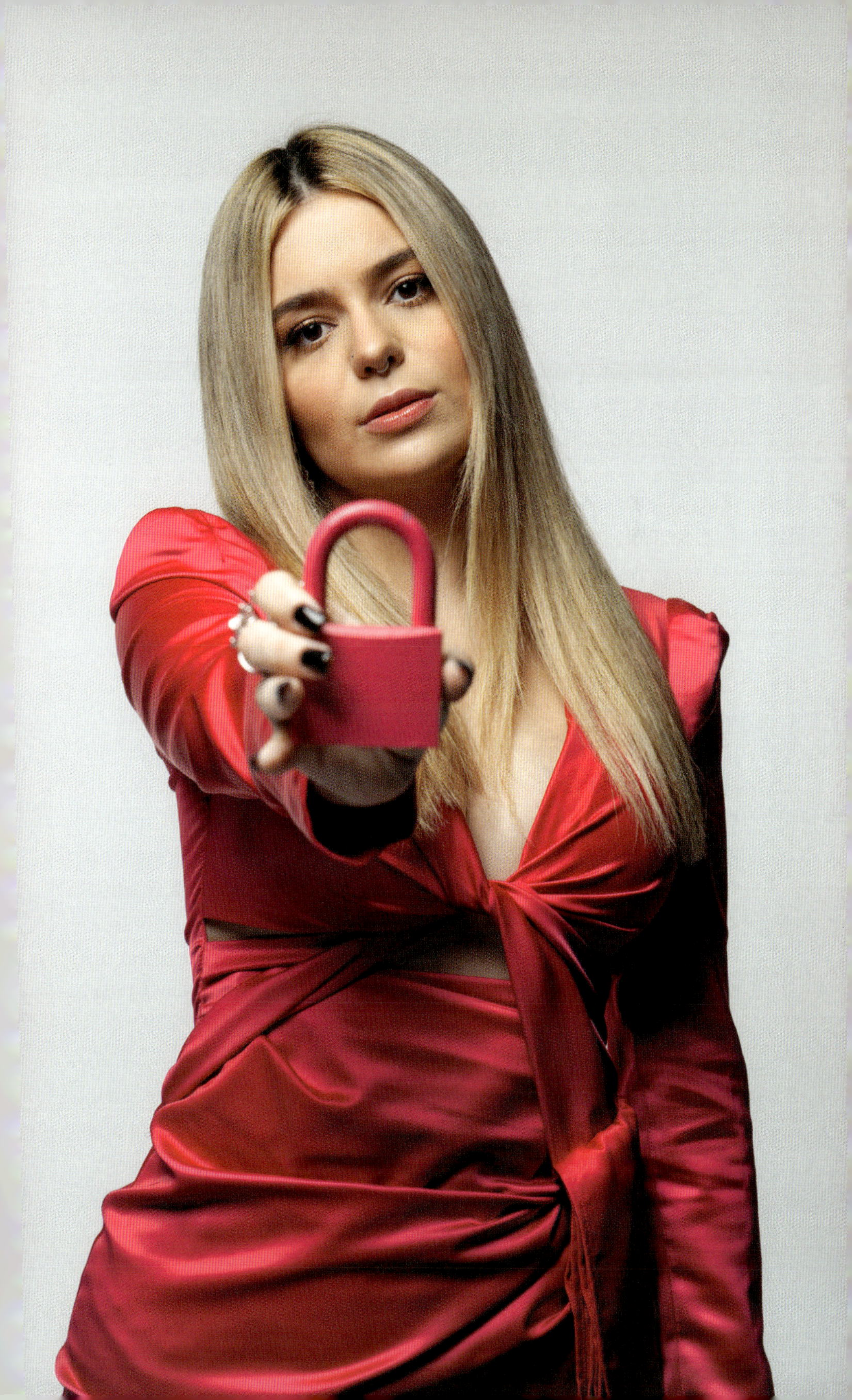

soltasse, de ele tentando tirar a minha roupa e me beijar, dizendo para eu não gritar. Para o meu alívio, meu namorado ouviu o que estava acontecendo e conseguiu tirar o garoto de cima de mim, dando um soco no meu abusador antes que o pior acontecesse.

Aquela já seria uma experiência traumática para qualquer mulher, mas eu era só uma garota e nunca tinha nem passado dos beijos. Fiquei muito abalada. Tempos depois, consegui superar o que aconteceu e enfim tive a minha primeira vez, com esse meu primeiro namorado, de uma maneira bem romântica. **Mas, apesar de toda a dedicação dele para que aquele fosse um momento especial, a lembrança do abuso insistia em vir à tona.**

Mais uma fantasia destruída por um trauma. Depois daquela experiência, comecei a entender que talvez nada na minha vida pudesse mais ser perfeito: eu sentia que os traumas e problemas já circulavam pelo meu corpo, corriam nas minhas veias.

Como contei nos capítulos anteriores, os machucados me transformaram numa Vitória rebelde, amargurada, decepcionada e triste, e foi aí que começou o maior pesadelo da minha vida. Com os meus pais separados, minhas amigas longe de mim e traumatizada por um abuso, eu ainda tinha na produção dos meus vídeos uma válvula de escape. Era como se o meu canal e as minhas redes sociais fossem um lugarzinho no mundo (mesmo que virtual) onde eu podia ser feliz. Mas até isso eu perdi.

Depois daquela brincadeira estúpida que fiz com meu gato, da qual até hoje me arrependo imensamente, vivi o inferno. Cancelada nas redes, odiada por todos, vi mais uma das minhas idealizações ir por água abaixo: o sonho da carreira perfeita, um dos poucos que ainda me restavam, tinha acabado de uma maneira devastadora.

Eu me sentia a pior pessoa do mundo.

Enquanto eu enfrentava o cancelamento, mais uma idealização havia ido embora: meu relacionamento terminou, e eu dei adeus à fantasia infantil de me casar com o meu primeiro namorado. Foi também nessa época que sofri aquela agressão na rua e cheguei a pensar em tirar a própria vida. Acho que dá para imaginar como estavam minha cabeça e meu coração aos 16 anos: destruídos.

Tive o apoio de uma grande amiga nessa fase: foi ela quem conseguiu finalmente me tirar de casa para fazer uma viagem à praia, depois de meses sem sair. Eu estava começando a me sentir melhor, a abandonar os pensamentos ruins que me perseguiam, e passei a planejar novamente o meu futuro. Queria conhecer outros meninos, mas só para dar uns beijos. Qualquer coisa além disso, só com alguém muito especial.

Eu não me casaria com meu primeiro namorado, mas ainda tinha a expectativa de que "desse certo" com um segundo, e só queria voltar a ter relações sexuais se fosse em um compromisso sério. Eu sei. Você deve estar pensando: "Mas tão nova e já cheia de regras, já planejando cada passo". Eu concordo com você e tenho total consciência de que essa busca pela perfeição só me fez mal. Mas não era uma escolha: eu era assim, não sabia ser de outro jeito. Depois de tantas crises, achava que já não tinha mais com o que me frustrar — e esse é o momento do filme em que o narrador diz: "Ela ainda vai se frustrar muito!"

Nessa viagem, conheci um menino, demos uns beijinhos e estava tudo bem, até que ele começou a forçar a barra para que as carícias evoluíssem. Eu disse "não" diversas vezes, cheguei a empurrá-lo com toda a minha força, mas não foi suficiente. Aos 16 anos, fui estuprada.

Eu nunca trouxe esse assunto a público, porque me sentia culpada pelo que aconteceu: achava que, só por ter beijado aquele garoto, eu tinha "permitido" que ele abusasse de mim. Mesmo sabendo que tentei evitar e que ele me forçou àquela situação, eu me culpava por não ter feito nada além de empurrá-lo. Mas agora me sinto finalmente pronta para falar sobre isso. Decidi encarar este livro como uma maneira de me mostrar por inteiro, sem guardar mais nenhum segredo. Sei que este é um espaço seguro, onde posso compartilhar com você as minhas dores sem precisar me esconder.

Hoje sei que é um absurdo culpar a vítima, mas foi o que fiz comigo mesma na época. Depois de ler e ouvir relatos de outras mulheres que passaram por situações parecidas, entendi que esse é um sentimento muito comum entre as vítimas de estupro: **mais uma vez, o machismo da**

sociedade responsabiliza as mulheres pelos erros dos homens.

Quantas vezes você já ouviu, em casos de violência sexual, comentários do tipo "Mas também, com aquela saia curta, ela estava pedindo!" ou "Quem mandou ir sozinha à praia àquela hora?". Por isso, quero que fique bem claro que não importa a roupa que a mulher esteja usando, o horário que ela escolhe sair à rua, se está sozinha ou acompanhada: a culpa pelo estupro é sempre do estuprador, nunca da vítima. Também não importa se o homem é um desconhecido, um namorado ou até o marido: se a mulher disse que não quer, o homem tem a obrigação de respeitar. "Não" é "não".

Infelizmente, naquela época eu não tinha essa informação, não tinha consciência de que não precisava me envergonhar ou me sentir culpada. Por isso, só contei o que aconteceu para a amiga que estava comigo naquela viagem. Até hoje, sou obrigada a conviver com o homem que me estuprou, porque trabalhamos no mesmo meio, o que me dá calafrios.

Toda mulher que já sofreu abuso sabe que esse tipo de lembrança pode durar para sempre, mesmo que a pessoa seja capaz de voltar às suas atividades e à sua rotina. É o tipo de coisa que a gente não esquece. Hoje sou muito feliz com o meu namorado — aliás, o terceiro, e continuo acreditando no amor e sonhando com o nosso casamento! Sinto que consegui superar esse assunto, já que falar sobre isso não me dói mais.

Mas houve uma época em que eu sofria muito só de me lembrar daquela viagem. Depois que a culpa foi embora, senti muita raiva e só pensava em me vingar do garoto que me atacou. Infelizmente, não tive coragem de fazer uma denúncia contra ele. Além da vergonha, eu achava que não teria apoio

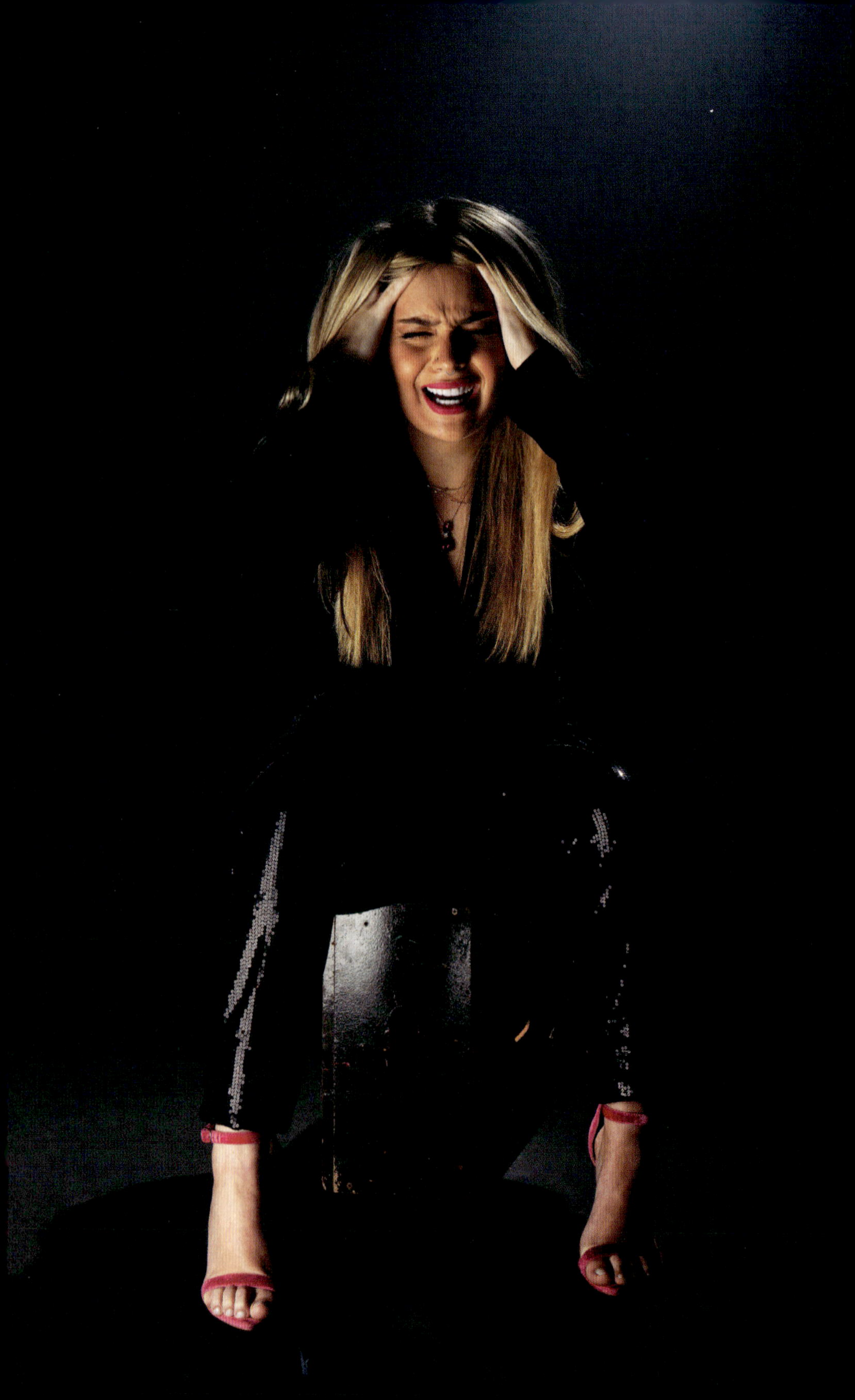

de ninguém e que não conseguiria provar o que aconteceu. Isso acontece com muitas mulheres, que, por medo, acabam nunca denunciando seus agressores. A carga emocional de ter sido abusada já é pesada demais, e muitas vezes a gente não dá conta de reviver o momento, de contar às outras pessoas, à polícia. É muito difícil.

A maneira que encontrei de enfrentar aquele homem foi alertando outras mulheres para que saíssem de perto dele. Aquilo o deixava furioso, mas me fazia bem saber que eu estava livrando outras meninas de um relacionamento com um homem perigoso. Bem que eu gostaria que alguém tivesse me alertado!

A última das minhas ilusões foi embora quando conheci meu segundo namorado e, depois de algum tempo de relacionamento, descobri que fui traída e desrespeitada. Eu sempre desconfiei que havia alguma coisa estranha no namoro, porque ele recebia muitas mensagens de meninas que eu não conhecia. Toda hora o celular apitava com uma notificação: Amanda no WhatsApp, Júlia no Snapchat, Luana no direct do Instagram... Eu ficava insegura, mas tinha vergonha de perguntar quem eram aquelas garotas, não queria invadir a privacidade dele. Aliás, fica o conselho: não façam como eu fiz! **Conversem abertamente sobre as suas dúvidas e inseguranças com o seu namorado ou namorada. Diálogo é essencial e só faz bem a qualquer relacionamento.**

Minhas suspeitas se confirmaram quando um amigo me avisou que uma garota com quem ele "trocava ideia" também estava flertando com o meu namorado. Esse amigo me mandou prints das conversas dos dois, e eu fiquei chocada: nos papos, meu namorado dizia que tinha sonhos eróticos com a menina e mandava nudes para ela. Você consegue imaginar como é passar um ano namorando alguém e de repente se deparar com uma troca de mensagens como essa? Muita gente acha que trair envolve beijo, contato físico ou até uma relação de fato, mas, sinceramente, às vezes uma falta de respeito como essa dói muito mais.

E as traições não pararam por aí. Pouco tempo depois, uma das minhas melhores amigas, Camila, me contou que viu esse meu namorado entrando num quarto com outra garota, numa festa na casa de um amigo nosso. Eu sempre fui uma namorada tranquila: não era ciumenta, não fazia questão de ir junto quando ele saía com os amigos nem cobrava satisfações. Mas ele não soube valorizar essa liberdade e acabou traindo minha confiança nessa festa.

Ali eu finalmente entendi que criar grandes expectativas e tentar seguir todos os padrões é o primeiro passo para sofrer grandes decepções. Olha, pode parecer besteira, mas ser corna também dói muito, viu? Não recomendo!

A única das minhas fantasias que realmente vi se tornar realidade foi a relação com os meus fãs. Sempre sonhei em ter pessoas acompanhando a minha carreira, sempre quis criar conteúdo que deixasse meus fãs felizes. Isso, sim, posso dizer que deu certo, o que me enche de orgulho e alegria! Ainda assim, a minha trajetória profissional não foi o mar de rosas que eu esperava, mas hoje consigo ver o lado bom disso tudo: cada erro ou dificuldade me ensinou muito sobre a vida, e só eu sei o valor de cada coisa que conquistei. Por isso, não me comparo a ninguém. **Cada um tem sua trajetória, suas conquistas e suas dificuldades.**

Aliás, esse é um tema muito importante nesses tempos em que as redes sociais nos mostram o tempo todo imagens e vídeos de pessoas lindas, felizes e bem-sucedidas. Já reparou que na internet todo mundo é perfeito? Ninguém tem problemas, ninguém se desilude, ninguém acorda se sentindo pra baixo... Pelo menos, essa é a impressão que a gente pode ter enquanto rola a tela do celular navegando pelas redes.

Mas o problema é justamente este: as redes sociais permitem que a gente tenha uma impressão da vida das outras pessoas que nem sempre é real. O pior é que muitas vezes a gente compara a nossa vida com a que vê na internet, mas esquece que tudo ali está repleto de filtros, de todos os tipos. Isso pode ter um efeito terrível sobre a nossa autoestima, porque é como se perseguíssemos um padrão (seja de beleza, família, carreira, qualquer coisa) que não pode ser alcançado, simplesmente porque não existe, é fake.

As fotos e os vídeos que a gente vê na internet representam apenas instantes, fragmentos da vida que as pessoas escolhem publicar. E isso faz toda a diferença: quase ninguém escolhe expor seus problemas, fraquezas, limitações e medos. Todo mundo quer se mostrar forte, pleno, feliz, mesmo que essa não seja a verdade.

Aquele casal lindo e famoso que você acompanha nos stories, como se os dois fossem personagens de novela, pode não ser tão perfeito assim. Talvez eles tenham sérios problemas, talvez o relacionamento deles nem seja "de verdade", e você nunca vai saber. Eu te garanto que a garota com a barriga "perfeita" na foto não é assim no dia a dia. Tudo é uma questão de ângulo, respiração e postura para as fotos. E aquele cara que vive postando fotos incríveis das suas viagens a trabalho? Pode ser que ele esteja sobrecarregado, deprimido e ansioso de tanto trabalhar — **mas ele nunca vai contar isso aos seus seguidores, porque ostentar uma vida perfeita é muito mais cool.**

Talvez você esteja me achando um pouco amarga demais, mas não é isso. É claro que não deixei de sonhar e fazer planos depois das frustrações, mas hoje tenho os pés no chão e entendo que a perfeição não existe. A vida real me trouxe obstáculos que nenhum roteiro de conto de fadas seria capaz de prever: preconceito, julgamentos, machismo, falta de empatia, abusos, agressões, ameaças. E eu, que sonhava alto, me vi despencar. Mas o problema nunca esteve nos meus sonhos, por mais ingênua que eu fosse, e sim nessa sociedade que desde cedo me trouxe tantas decepções e me impôs tantos padrões.

Por isso, se eu puder te dar um conselho, diria para você deixar fluir. Concentre suas energias no que você deseja, se esforce para realizar seus sonhos. Sonhe, sim, e sonhe alto. Afinal, se eu não tivesse sonhado, não teria meu canal, minha carreira, meus fãs, as coisas que mais amo e de que mais me orgulho na vida. Mas não se deixe guiar por padrões preestabelecidos e entenda que nem tudo é como a gente espera: cada um tem seus objetivos e, às vezes, a vida nos apresenta caminhos para a felicidade que não estavam no nosso "roteiro" — e isso é maravilhoso! Abrace seus sonhos e esteja preparado para os desafios da vida. Eles virão, mas eu tenho certeza de que você vai tirar de letra.

ESPAÇO LIVRE DE JULGAMENTOS PARA VOCÊ ESCREVER O QUE QUISER, SEM MEDO DE SER CANCELADO.

Quantas vezes você já deixou de fazer alguma coisa por medo de ser julgado? Eu já deixei de fazer tanta coisa na minha vida com medo de errar, do que as pessoas iriam pensar de mim... Mas imagina se eu tivesse desistido todas as vezes? Eu não teria chegado até aqui!

CAPÍTULO 5

SAÚDE MENTAL:
QUE HISTÓRIA É ESSA?

TODO ANO, NO MÊS DE SETEMBRO, DIVERSOS POSTS SOBRE a valorização da vida se espalham na internet, graças à campanha de prevenção ao suicídio chamada "Setembro Amarelo". Influenciadores, artistas e anônimos aderem à campanha, publicando mensagens e vídeos que incentivam o cuidado com a saúde mental. Você já deve ter visto um desses posts por aí. Mas, afinal de contas, que história é essa de saúde mental? O que cada um de nós precisa fazer para não se sentir louco, perdido e ansioso nesses tempos tão difíceis e conturbados?

Para mim, ter a saúde mental em equilíbrio significa ter qualidade de vida e paz de espírito. É óbvio que não acho que nunca mais vou me sentir triste, nervosa ou desapontada, mas hoje entendo que esses sentimentos fazem parte da vida, da nossa evolução. A diferença é que eu já não sinto mais aquele medo extremo, aquela sensação de que algo terrível pode acontecer a qualquer momento, nem tenho mais pensamentos obsessivos que me fazem mal.

É delicado falar sobre esse assunto porque cada pessoa é única, cada um reage de um jeito às situações da vida. Mas posso falar sobre a minha experiência: senti que precisava cuidar melhor dessa parte tão importante da minha saúde quando notei que a tristeza e o medo que eu sentia não eram comuns e iam além do que eu conseguia suportar. Precisei de muita ajuda, inclusive profissional, para superar os traumas que me perseguiam.

Manter a saúde mental em dia sempre foi um desafio para mim. Desde a separação dos meus pais, que, como contei aqui, aconteceu quando eu tinha 11 anos, lido com a ansiedade e a síndrome do pânico. **Na época, os psicólogos que me atenderam disseram que as cenas de brigas que pre-**

senciei em casa aos cinco anos de idade podiam ter me deixado traumatizada.

A internet me ajudou muito a lidar com esses transtornos, já que, depois da criação do canal, passei a me sentir mais feliz, ocupada e entretida. Mas ela também já me levou para o fundo do poço, devido ao cancelamento e aos haters. Por isso, valorizo muito as campanhas de saúde mental que circulam nos posts, mas acho que precisamos discutir melhor esse assunto. Afinal, de que adianta nos engajarmos tanto nas hashtags e *trends* sobre a valorização da vida, se a cada dia a internet se torna um lugar mais tóxico e nocivo à saúde mental? Faz sentido passar setembro inteiro falando sobre conscientização e, assim que o mês acaba, voltar a fazer comentários maldosos e compartilhar mensagens negativas?

Quem consegue ter paz de espírito num ambiente em que todo mundo se julga e se ofende, em que cada passo precisa ser pensado para evitar o risco de cair na armadilha do cancelamento, em que as pessoas querem apontar e expor os erros umas das outras, sem abertura para arrependimentos ou diálogo. Um espaço que poderia ser de debates virou palco para ameaças, xingamentos e humilhação.

Será que a internet, do jeito como a utilizamos hoje, combina mesmo com saúde mental? Tenho certeza de que não. Aliás, se tem um conselho que eu daria a uma pessoa que não está se sentindo bem neste momento seria: saia das redes sociais por um tempo.

Além do excesso de informações, opiniões e julgamentos, a internet também nos confunde com a falsa sensação de felicidade de que falei no capítulo anterior. E tudo de que a gente menos precisa quando está para baixo é abrir o Instagram e ver um monte de fotos de casais apaixonados, viagens incríveis, promoções no trabalho e todo

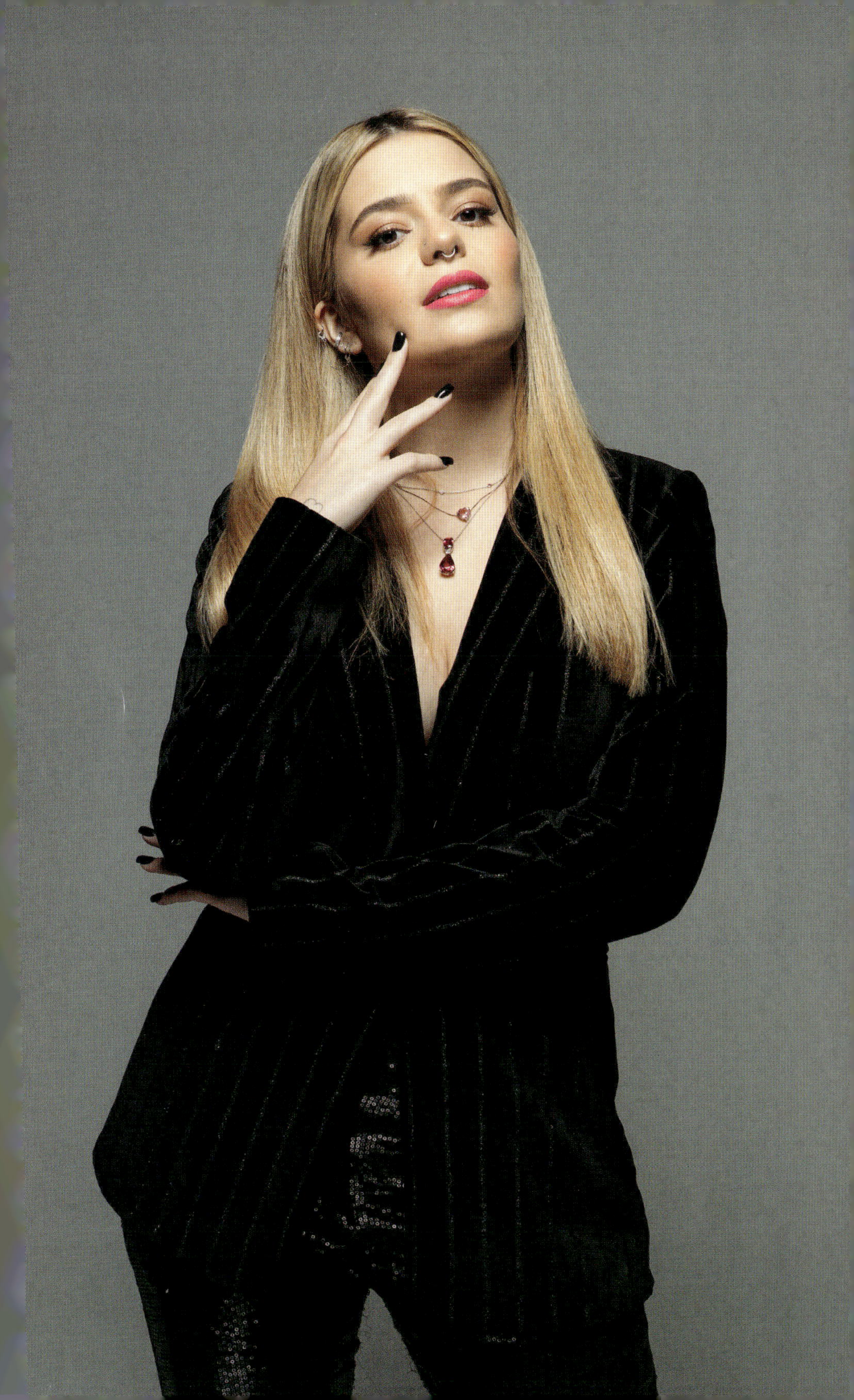

mundo sendo muito feliz — menos nós. Não tem autoestima que resista a isso!

Portanto, além de simplesmente falar sobre saúde mental e levantar a bandeira da valorização da vida, a gente precisa agir para de fato transformar as redes sociais em um ambiente mais saudável. Você não precisa ser um influenciador digital profissional para isso: as atitudes de cada um de nós têm impacto no mundo. Mas os influenciadores, é claro, têm uma responsabilidade ainda maior, porque, com seu alcance, são capazes de dar exemplo para milhões de pessoas.

Então, se você tem o sonho de ser youtuber ou influenciador digital, que tal começar pensando em como pode contribuir para tornar a internet um lugar melhor?

Pode parecer besteira, mas eu te garanto que uma mudança na maneira como agimos nas redes pode melhorar a qualidade de vida de muita gente, inclusive a sua.

Aliás, qualquer pessoa que pense em fazer da internet a sua profissão precisa saber que corre o risco de ver a sua vida virada de cabeça para baixo em pouco tempo. Não digo isso para assustar ou desestimular ninguém a entrar nesse universo, mas sim porque eu gostaria muito que alguém tivesse me alertado sobre os problemas que o excesso de exposição poderia me trazer.

Quando fui cancelada, pensei em desistir da vida. Tentei suicídio duas vezes — uma delas, depois da agressão que sofri na rua. **Já aviso que não vou falar quais eram meus pensamentos ruins durante esse momento e muito menos dar detalhes de como tentei o suicídio, porque isso vai além da curiosidade e pode servir de gatilho para adolescentes e jovens que não estão se sentindo bem, e eu não quero isso de jeito nenhum!**

A imagem do homem que me atacou não saía da minha cabeça, e eu ainda recebia ameaças de morte de pessoas que sabiam meu endereço e diziam que iriam atrás de mim para me matar. Eu estava em pânico e achava que não tinha mais nada a perder, que a minha vida já não valia nada.

Era como se nada me importasse mais. Eu me sentia anestesiada, vivendo um eterno "tanto faz", morta por dentro. Numa noite, depois de ler comentários como "Se eu passar por ela na rua, eu mato" ou "A Viih Tube merece morrer", não aguentei e tentei me matar. Achava que, se eu morresse, as coisas seriam melhores para todos: para os que me odiavam, que finalmente conseguiriam o que queriam, para os que me amavam, que não me veriam mais sofrer, e para mim, que finalmente não precisaria mais lidar com tanto ódio.

Mas eu parei no meio do processo, não tive coragem. Acordei 12 horas depois, completamente grogue, desesperada, pensando que eu poderia de fato ter morrido. "Como a minha mãe se sentiria se eu morresse? Talvez ela se culpasse para sempre! E o meu pai? Logo agora, que estávamos construindo uma boa relação! E os meus cachorros e meus gatos? Meus fãs?..." Tudo isso passava pela minha cabeça quando despertei. Me lembrei de todos os sonhos que eu ainda queria realizar, de todas as pessoas que eu amava e que me amavam, e, enfim, desisti de desistir. Aquela não tinha sido a minha primeira tentativa de suicídio, mas foi depois dali que tudo mudou.

Nunca falei sobre o assunto em público por receio do julgamento alheio. Não queria que me vissem como vítima ou, pior, que me acusassem de fazer papel de coitadinha. **Sabendo o quanto as pessoas podem ser cruéis, quis me poupar desse sofrimento.** Mas hoje entendo que posso usar o alcance que tenho para ajudar outras pessoas que, como eu, também já tiveram pensamentos destrutivos.

    Eu gostaria muito que, aos 15 anos, alguém tivesse me dito que eu não precisava me culpar tanto pelos problemas da minha vida e que, por mais difíceis que as coisas parecessem, sempre haveria uma saída, mesmo que levasse tempo até as feridas se curarem. Eu também teria gostado muito se alguém que admiro escrevesse um livro ou publicasse vídeos sobre esse tema, para que eu visse que não estava sozinha e aprendesse um pouco mais sobre empatia, autoestima e aceitação. Talvez eu tivesse me curado mais rápido — e é por isso que acredito de verdade que, se forem levadas a sério, campanhas como o "Setembro Amarelo" podem ajudar muita gente.

> *Precisei aprender tudo na marra, quebrando a cabeça para lidar com as minhas dores.*

    Também fiz muita terapia, e essa ajuda profissional foi fundamental para que eu pudesse me conhecer melhor e superar os meus traumas. Aos poucos, aprendi a ter paciência comigo mesma e a aceitar o meu processo de cura. Tudo que eu vivi me fortaleceu, e cada uma das minhas dores ajudou a construir a mulher que sou hoje, uma mulher forte.

    Por isso, se você também sente que sofre demais, tem pensamentos obscuros e já tentou ou pensou em desistir da vida, quero que saiba que não está sozinho e que existe tratamento para isso. Procure ajuda! Entre em contato com o Centro de Valorização da Vida (CVV) por telefone (discando 188), e-mail ou chat. Entre no site deles (cvv.org.br) para ver todas as opções. No Brasil inteiro também existem psicólogos que atendem gratuitamente através dos CAPS (Centro de Atenção Psicossocial) ou cobram um valor reduzido para quem não pode arcar com o preço da consulta, e essa é uma iniciativa muito importante.

Eu me lembro perfeitamente da sensação de que jamais superaria meus traumas ou teria uma vida feliz e "normal". Mas eu estava enganada! Depois que cuidei da minha saúde mental e consegui seguir em frente, já realizei grandes sonhos, e hoje me sinto muito feliz. Produzi cinco séries, um filme, escrevi três livros, participei de um reality show e de uma novela, rodei o país com uma peça de teatro, me apaixonei, amei e fui amada, finalmente criei um laço forte com meu pai, vi minha mãe ser feliz como nunca, conquistei minha casa própria, meu carro, viajei o mundo... **Ufa! Tantas coisas.**

E se eu tivesse desistido?

Quero te lembrar que a vida vale a pena e que você pode e deve pedir ajuda sempre que precisar. Contar com o apoio das pessoas que amamos também é fundamental, mas nem sempre os nossos amigos ou familiares percebem sozinhos que precisamos de suporte. **Aliás, uma das melhores maneiras de cuidar de alguém é demonstrar atenção e afeto, perguntando sempre como o outro está e oferecendo sua escuta para um desabafo.** O "outro" não precisa ser alguém da sua família ou do seu convívio: sua gentileza e seu cuidado podem fazer a diferença na vida de um desconhecido que esbarra com você no metrô; seu comentário na foto de uma conhecida no Instagram pode melhorar o dia dela.

Preocupe-se com as outras pessoas o ano inteiro, não apenas em setembro. Lembre-se de que cada pequeno gesto seu — como um comentário que você faz pessoalmente ou deixa na foto de um conhecido — pode magoar muito, mas também pode ser motivo de alegria, incentivo e conforto para alguém. Melhorar a internet (e o mundo) está nas nossas mãos. É como diz aquele ditado: **"Seja gentil com todas as pessoas. Você não sabe que batalhas elas estão enfrentando"**. Isso pode salvar vidas.

FAÇA DESSE LIVRO E DESSE ESPAÇO O SEU DIÁRIO: COMO VOCÊ ESTÁ SE SENTINDO HOJE?

Não sei se você tem o costume de escrever em um diário. Eu tenho e recomendo muito! É uma forma de você se comunicar consigo mesmo, de colocar para fora tudo o que está sentindo, de organizar os pensamentos e as emoções. Que tal começar agora? Escreva, sem medo, o que está sentindo hoje. Você está feliz, triste ou irritado? Como foi o seu dia? Me conta tudo!

CAPÍTULO 6
PROTEJA-SE

TUDO QUE OS NOSSOS PAIS MAIS QUEREM É NOS VER FELIZES.
É claro que nem sempre a nossa relação com eles é uma maravilha (principalmente na adolescência! Nessa fase ninguém entende a gente, né?), mas, apesar dos problemas, acho que a maior realização da vida de um pai ou de uma mãe é sentir que conseguiu criar filhos felizes, saudáveis, "do bem". Sei lá, acho que, quando eu for mãe, vou pensar assim.

Mas percebo que, hoje, muitas famílias entregam parte da educação dos filhos à internet, às vezes sem nem notar. Não é por falta de amor ou de vontade de estar perto — pelo menos, não em todos os casos —, mas talvez por hábito, por falta de tempo, entre vários outros motivos que não me cabe julgar. Conheço vários adolescentes e até crianças que passam a maior parte do dia on-line, alienados do mundo, sem que os pais tenham a menor ideia do que eles tanto fazem no celular, tablet ou computador. **Mas é aí que mora o perigo.**

Olha, estou longe de ser daquelas pessoas que acham que crianças e adolescentes não podem ter perfis nas redes sociais ou postar conteúdo na internet — até porque seria hipocrisia, né? Mas, depois de tudo que vivi, preciso te dar um conselho muito importante: **tenha sempre um adulto da sua confiança monitorando a sua "vida virtual".**

Eu sei, eu sei, esse papo pode parecer meio mala e de início você não vai gostar da ideia de ter um adulto bisbilhotando sua vida, mas é importante. Se seus responsáveis estiverem atentos aos seus posts, eles podem notar, por exemplo, questões que às vezes você só tem coragem de expor na internet, e não em casa. A partir daí, podem te ajudar com um problema que talvez você levasse muito mais tempo para resolver.

Além do mais, nessa idade a gente faz muita besteira, muita coisa sem pensar. Normal, né? Por isso, é papel da sua família ficar de olho para que você não publique nenhum conteúdo inadequado, nenhuma foto que exponha demais sua vida íntima, nada que te coloque em risco ou que possa ofender alguém e gerar críticas. Afinal, como você já sabe, na internet

as críticas podem ser pesadas.

Minha mãe sempre esteve por perto, cuidando de mim. Meu pai, por outro lado, não foi muito presente durante a minha infância. Eu sentia que eles não eram felizes juntos como mereciam ser. Cheguei a insistir para que se separassem, porque sabia que aquele casamento não fazia bem a nenhum dos dois — e nem a mim, que presenciava tudo. Eu sentia que eles estavam juntos apenas por mim, mas o que eu mais queria era que os dois fossem felizes. Depois da separação, meu pai mudou muito: amadureceu, refletiu e se tornou um pai de verdade. Mas, até isso acontecer, eu sofri bastante com a ausência dele.

Quando contei a eles que queria ser atriz, cada um reagiu de um jeito. **Meu pai, que sempre sentiu que eu tinha uma veia artística, adorou a ideia e sonhava com o dia em que me veria com um programa só meu na TV.** Quando eu tinha 12 anos, ele conseguiu que eu apresentasse um programa numa emissora regional lá de Sorocaba e sempre me apoiou muito.

Já minha mãe não gostava de me imaginar como uma figura pública. Ela tinha receio de que a exposição pudesse me prejudicar e afetar o meu psicológico (seria um presságio?), então preferia que eu continuasse estudando para um dia passar no vestibular para medicina. Mas, aos poucos, minha mãe foi percebendo que o canal no YouTube me fazia feliz, que eu tinha prazer em passar horas criando vídeos para publicar na internet, e começou a me apoiar e até a me ajudar na produção.

O apoio dos meus pais, aliás, foi fundamental para que eu seguisse em frente e chegasse aonde estou hoje. **Sem eles, eu não teria canal, fãs, carreira, nenhuma dessas coisas que tanto amo e que me fazem tão bem.** Quando eu sofria bullying na escola por ser youtuber, numa época em que isso ainda não era moda entre todos os adolescentes, era nos meus pais que eu encontrava conforto e segurança. Foi por causa deles que não desisti.

Quando criei o canal no YouTube, meus pais assistiam aos vídeos antes que eu publicasse, para garantir que não tivesse nada problemático no conteúdo. Além disso, eles avaliavam tudo que eu postava nas redes sociais e acompanhavam de perto os comentários e mensagens que eu recebia. Eles tinham todas as minhas senhas e monitoravam tudo, para a minha segurança.

Acontece que, com o tempo, o YouTube e as redes sociais se tornaram parte da minha rotina, do meu dia a dia, e os meus pais se acostumaram à ideia de ter uma filha influenciadora digital — na verdade, eles não tinham noção do que aquilo representava, do alcance e da repercussão que os meus posts poderiam ter um dia.

No início, a internet realmente não me trouxe problema algum, só alegrias, e talvez meus pais tenham sentido que não havia mais perigo. Eu publicava vídeos o tempo todo, e aos poucos eles foram deixando de acompanhar tanto os comentários que eu recebia e de avaliar o conteúdo antes da publicação.

E foi aí que eu me perdi. Aos 15 anos, na fase mais rebelde e complicada da minha vida, cometi o erro de fazer aquela brincadeira tosca com o gato e ainda publicar um vídeo no Snapchat. **Você já sabe o que aconteceu depois: cheguei ao fundo do poço.**

Tenho certeza de que, se meus pais tivessem visto aquele vídeo antes, jamais teriam permitido que ele fosse publicado. Eles teriam me explicado que aquela não era uma brincadeira aceitável e certamente teriam brigado comigo! Todo o sofrimento por que passei poderia ter sido evitado se um adulto tivesse fiscalizado meu comportamento na internet e me impedido de tornar pública aquela cena horrível.

Mas eu não culpo meus pais, de jeito nenhum, quem errou fui eu! Tenho certeza de que eles me amam, sempre quiseram o melhor para mim e, se soubessem que um simples post poderia me trazer tantos problemas, nunca teriam deixado de monitorar o que eu publicava. **Na época, eles se sentiram tão perdidos e tristes quanto eu, sem saber como lidar com aquela avalanche de comentários, ofensas e ameaças.** Fizeram o possível para me poupar dos ataques e me ajudar a recuperar minha saúde mental, e sou muito grata por todo o suporte que eles me deram, mesmo estando tão machucados.

Sabe, eu até pensei em usar esse capítulo para mandar um recado para os seus pais, mas depois me lembrei de que o nosso papo sempre foi reto: entre mim e você. Por isso, é com você mesmo que eu vou falar. Se você gosta de consumir e publicar conteúdo na internet, seja por hobby ou por sonhar com a carreira de influenciador digital, aproveite tudo que essa experiência pode te trazer, mas tenha sempre ao lado um adulto da sua confiança de olho em tudo. Alguém que verifique o que você publica, além dos comentários e das mensagens que chegam.

Aposto que agora está pensando: "Ai, Viih, mas e a minha privacidade? Eu tenho que dar as senhas das minhas redes sociais para os meus pais? Que saco!" Eu sei que é chato, mas isso não é invasão de privacidade ou excesso de controle, e sim **um cuidado necessário para a sua segurança**. Seus pais não precisam entrar nos seus grupos de WhatsApp com os seus amigos ou ler as suas conversas com os crushes, mas, por experiência própria, te garanto que é essencial que **eles fiquem de olho e tenham controle sobre o que você faz on-line**.

Acho que eu não gostaria de ouvir um conselho como esse quando tinha 15 anos, mas, depois de tudo que vivi, sinto que preciso alertá-los sobre os perigos que a internet oferece, principalmente nessa fase em que somos tão imaturos. Se eu e meus pais tivéssemos recebido esse conselho, tudo teria sido muito diferente na minha vida.

Seus pais ou sua família sabem quem interage com você nas redes sociais? Espero que sim, porque existe muita gente má neste mundo, que se aproveita do anonimato que a internet oferece para ofender, xingar e ameaçar os outros — isso sem falar nos criminosos que usam as redes para procurar novas vítimas. Você acha que seus pais te deixariam sozinho numa rua cheia de pessoas prontas para te atacar? Provavelmente não, né? **Mas, infelizmente, a internet se tornou isto: um lugar em que as pessoas atacam umas às outras. Não dá para relaxar.**

Estou contando a você o que gostaria que tivessem me contado quando comecei a me aventurar pelo universo digital. Hoje, sinto que preciso usar o alcance que conquistei para falar sobre a importância de os responsáveis acompanharem a vida de crianças e adolescentes também nas redes. A internet tem seus perigos, mas uma família atenta e cuidadosa pode te poupar da maioria deles. **Vai por mim: é muito melhor levar uma bronca em casa do que ser atacada na internet.**

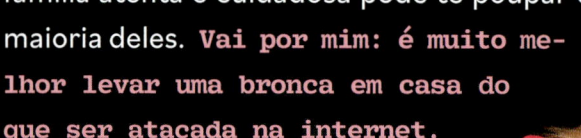

Para terminar, deixo aqui um bilhete escrito pela minha mãe. É um recado para os seus pais ou responsáveis. Se puder, mostre a eles!

Oi!

Aqui é a Viviane, mãe da Vitória, que vocês conhecem como Viih Tube. Minha filha sempre foi o grande amor da minha vida, e eu sempre fiz de tudo para vê-la feliz. Desde criança, ela gostava de teatro, de gravar vídeos e me mostrou muito cedo a sua veia artística. Confesso que no início me assustei. Tive muito medo de que a minha menina entrasse nesse meio artístico e "se perdesse". Mas estive ao lado dela, porque percebi que esse era o seu sonho. Juntas, já passamos por muitas coisas. Vi minha filha amadurecer, criar, apostar alto, conquistar o topo, despencar, se machucar muito feio e se reerguer. Sofri junto com ela a cada queda e me orgulho da mulher que ela é hoje. Por isso, digo a você, pai, mãe, responsável por uma criança ou adolescente que quer se aventurar na internet: apoie seu filho, mas esteja sempre por perto. Não se acostume, não relaxe, fique atento. A internet pode ser maravilhosa, mas também tem seus perigos. Muita coisa mudou desde que aquela garotinha que se apresentava nos teatros de Sorocaba se tornou a Viih Tube que o Brasil inteiro conhece, mas duas coisas permanecem iguais: o amor e o orgulho que eu sinto por ela. Te amo, filha!

CAÇA-PALAVRAS

A palavra CANCELADA aparece DEZ vezes no diagrama abaixo. Você consegue encontrá-la?

```
A O O T H G F M O N Y A J N A
D M Z Z V C M T G Q D C D J S
A I A C A N C E L A D A C N C
L V P P M Y P X L L N Q Y K A
E D K H F D K E N D C J H S N
C L C R L Z C L X N A S J J C
N X A F Q N D Q G T B N S V E
A T N V A N Z C O I M A Q G L
C W C C I C A N C E L A D A A
E H E J I L C N G J I H P V D
A V L T Q B L A O R N M X W A
T Q A T Y D G O N I P E A O V
P F D E S J C A N C E L A D A
O A A E K J W K Y K E F R W O
D P T H K V C P Z R V L B G V
C A N C E L A D A M G A A C Z
O O H M V D M O K N B B L D T
C K C A N C E L A D A Q Z F A
```

Respostas na p. 127.

CAPÍTULO 7

OBRIGADA PELA ATENÇÃO!

ESTE CAPÍTULO É DEDICADO A UM GRUPO DE PESSOAS QUE fez uma grande diferença na minha vida e contribuiu muito para o meu sucesso. Eles acompanham cada um dos meus passos, sabem tudo sobre a minha carreira e se tornaram meus grandes incentivadores. **Tô falando dos haters.**

Calma, posso explicar. Não é que eu tenha me tornado uma santa e passado a amar as pessoas que me odeiam, que me perseguem desde que eu tinha 14 anos e que já quase conseguiram me fazer desistir da vida. Longe disso! Mas, depois de tantos ataques, de tanto julgamento e sofrimento, sou capaz de olhar para tudo o que vivi e entender que essas experiências ruins são parte da minha história e já me ensinaram muito.

Sei que nenhum hater ou cancelador tem a intenção de colaborar para que o outro evolua, mas foi o que aconteceu comigo. **Acho que, se os canceladores não tivessem se "dedicado" tanto a mim, eu não seria a mulher forte que sou hoje, aos 21 anos.** Perdi parte da minha adolescência afogada em lágrimas, medo e insegurança, mas agora vejo que tudo isso me fez amadurecer. **Hoje conheço a minha força, a minha coragem e a minha capacidade.**

Para ser sincera, não odeio os haters. Já passei por várias fases: houve épocas em que chorei, respondi às ofensas com "textão", pedi desculpas; também teve um momento em que senti vontade de retribuir com ainda mais desprezo e ódio. Para mim, os canceladores eram monstros. Mas, com o passar do tempo, vi que aqueles que me atacam nas redes são pessoas comuns, que amam suas famílias, seus amigos e que, no dia a dia, devem tentar acertar o tempo todo, exatamente como eu. Acontece que, muitas vezes, essas pessoas se deixam levar pelo "efeito manada" de que falei nos capítulos anteriores e cedem ao desejo de fazer parte de um grupo — mesmo que seja de um grupo que se propõe a odiar alguém.

Por isso, não culpo os haters. Hoje, entendo que todo esse ódio gratuito que circula nas redes é um sinal de que vivemos num mundo triste, numa sociedade formada por pessoas amarguradas, inseguras, em crise. **Esse sentimento de insatisfação e medo é coletivo — vai dizer que você também não se sente assim nos dias de hoje? —, mas nem todo mundo sabe lidar com isso.** Alguns fazem terapia, desabafam com os amigos, encontram hobbies e atividades para ocupar a cabeça. Outros preferem extravasar suas frustrações e seus ressentimentos xingando tudo e todos na internet, procurando vilões e culpando os outros pelos seus próprios problemas. Fazer o quê?

Não consigo imaginar como deve ser triste e vazia uma pessoa que perde seu tempo atacando desconhecidos. É claro que não vejo problema nenhum em acompanhar uma fofoquinha, em ter curiosidade sobre a vida dos famosos. Todo mundo tem um lado fofoqueiro, mas a gente precisa saber os limites disso. **Uma fofoca que prejudica e magoa outra pessoa não é brincadeira.**

Acho que, no fundo, sinto até um pouco de pena das pessoas que destilam ódio na internet. Aprendi a ter empatia e a entender que quem me julga talvez esteja sofrendo ainda mais que eu. Mas isso não significa que sou obrigada a lidar com esse povo chato que me persegue desde que eu era criança, tá? Muita gente me diz: "Mas, Viih, você escolheu ser uma figura pública! Os haters fazem parte do pacote!" Nananinanão. Ninguém tem a obrigação de engolir grosserias, ataques e xingamentos.

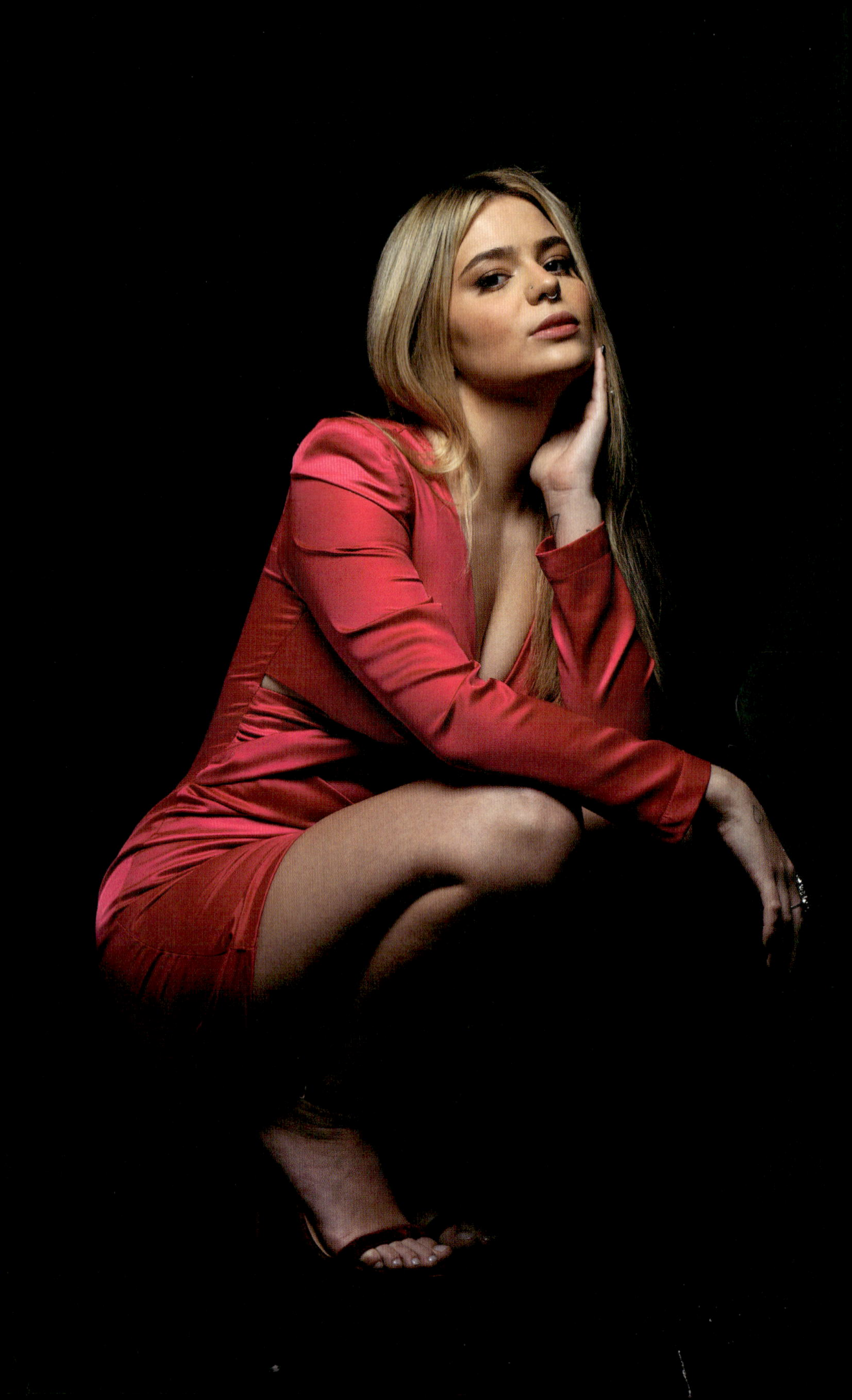

Quando entendi isso, comecei a mudar meu jeito de ser e passei a me impor mais, a exigir respeito. Antes, eu era muito ingênua e buscava a aprovação das pessoas a todo custo. Agora, tenho noção do meu valor: trabalho muito, passo noites em claro criando conteúdo e planejando meus próximos passos profissionais e me dedico com muito amor ao que faço. Portanto, as críticas construtivas serão sempre muito bem-vindas, mas quem despeja ódio nunca mais terá o meu tempo e a minha atenção.

Valorizo muito as pessoas que usam a internet para expor suas opiniões com educação, que sabem discordar com respeito e que fazem críticas que realmente contribuem para que a sociedade melhore. Quantas vezes um movimento iniciado na internet já nos fez refletir e mudar de comportamento? Talvez eu não tivesse a consciência que tenho hoje a respeito dos meus direitos como mulher, por exemplo, se outras não tivessem me mostrado o que é o machismo — e isso só aconteceu graças às redes sociais. **Ou seja, a internet pode ser um espaço muito enriquecedor. O problema é o excesso, o ódio.**

Hoje, uso os ataques a meu favor. Transformei todo o mal que desejaram a mim e toda a angústia que senti em energia para realizar os meus sonhos — este livro, por exemplo, é um deles. Aprendi que lágrimas não pagam as minhas contas e que eu não podia simplesmente me entregar e desistir de tudo. Arrependida dos erros que cometi e ciente das lições que aprendi com os episódios de cancelamento, decidi me levantar e ir à luta para fazer a minha vida seguir em frente.

Pode ser que você me ache uma pessoa má pelo que vou te contar agora, mas a verdade é que descobri uma forma de ter prazer com os haters: gosto de incomodá-los com cada uma das minhas conquistas. Depois de passar a adolescência inteira buscando a aprovação de pessoas que hoje sei que nunca vão gostar de mim, aprendi a ligar o botão do "dane-se" para o que elas pensam. Meu foco é agradar o público que me acompanha e gosta do meu trabalho. **Não tô nem aí para os outros.** Sei que isso soa um pouco arrogante, mas eu prometi que neste livro você me conheceria sem filtros, né?

Além disso, entendi que as críticas sempre virão, independentemente da qualidade do meu trabalho, então passei a dar um pouco menos de atenção a isso. Não tenho mais a pretensão de agradar a todos, o que me livrou de um peso enorme. Hoje, crio conteúdo para mim e para os meus fãs, porque isso, sim, me traz alegria.

Como boa leonina que sou, amo liderar e tirar ideias do papel. Cada um dos meus trabalhos tem a minha cara, as minhas mãos e a minha alma. Tudo é feito quase inteiramente por mim, mesmo quando conto com a ajuda de uma equipe de produção. Faço questão de me envolver nos mínimos detalhes de cada projeto — aliás, deve ser um saco trabalhar comigo, porque sou muito crítica e perfeccionista!

Mas, apesar de todo o meu esforço para criar conteúdo, inovar e surpreender, ainda recebo muito pitaco de gente que não faz ideia da dificuldade que é pôr no ar um conteúdo como uma websérie para o YouTube, por exemplo. Viro noites buscando ideias criativas, escrevendo roteiros, procurando patrocinadores. Escolho cada ângulo de câmera, cada fala, cada objeto cênico... **Cores, trilhas sonoras, cada detalhe da edição, cada sacada de marketing, tudo passa por mim. Até mesmo os erros das minhas séries fui eu quem escolhi, de propósito, para atrair a atenção dos haters.** Eu já sabia que as críticas viriam, com erros ou acertos, então resolvi errar propositalmente e usar isso a meu favor. Deu certo.

Minha série mais vista, *O Enigma*, tem a famosa cena do penhasco, que viralizou na internet: eu aparecia "despencando" do que deveria ser um penhasco, mas, pela maneira como a câmera foi posicionada, dava para ver que eu estava deitada num solo reto, na horizontal, sem inclinação nenhuma. A cena virou meme, a repercussão atraiu a curiosidade de muita gente e, graças a essa divulgação "espontânea", a série hoje tem mais de oitenta milhões de visualizações no YouTube — a mais vista de todas as que já produzi.

Eu disse que a divulgação foi "espontânea", entre aspas, porque a verdade é que tudo isso foi planejado. Tenho até hoje a versão da filmagem que mostra o ângulo correto, que realmente dá a entender que estou num penhasco, mas quis gravar também uma versão "errada" para usar como meme. Na edição, decidi usar essa versão na série, apostando que os haters não perderiam a oportunidade de espalhar o meu suposto mico por aí. **Dito e feito: mais uma vez, eles divulgaram meu trabalho por mim e colaboraram com o meu sucesso.**

Quando criei *O Enigma*, a série seguinte, *Em prova*, já estava com a produção encaminhada. Ali, sim, eu faria tudo à perfeição, de um jeito que todo mundo notasse a diferença de um trabalho para outro e se espantasse com a "evolução", que na verdade já estava pensada desde o início. Foi exatamente o que aconteceu. Deu tão certo que a série teve duas temporadas e deu origem a um filme na Netflix, *Amiga do inimigo*. Bingo!

É claro que só deu certo porque ninguém sabia que se tratava de uma jogada de marketing. O engajamento nesses casos precisa ser orgânico, ou a ação não funciona. Foi assim que planejei, aliás, o lançamento deste livro. Não, o livro não estava todo escrito quando comecei a trabalhar na sua divulgação, justamente porque eu queria captar a reação do público aos *teasers* que fui soltando aos poucos.

Durante a campanha de divulgação, criei uma ação para mostrar como é fácil se deixar levar por fake news, assunto do próximo capítulo. Combinei com a minha amiga Carol Bresolin que ela divulgaria um vídeo em que eu paquero um cara que não parece ser o Bruno, meu namorado, com quem estou há três anos. No vídeo, Carol diz que estou solteira, e eu peço que ela apague as imagens. O conteúdo foi postado no perfil dela numa rede social e apagado logo depois. Aí foi só deixar a internet fazer o restante do trabalho.

Por uma tarde inteira, as redes sociais pararam. **Todos os sites e perfis de fofoca anunciaram o fim do meu relacionamento e milhares de pessoas comentavam o término.** Mas não, não houve término nenhum, era tudo uma estratégia para trazer à tona o tema das fake news, mostrar como é fácil "fabricar" uma notícia nos dias de hoje e, claro, divulgar o lançamento deste livro.

Pois é, eu me envolvo em tudo que diz respeito ao meu trabalho, inclusive a divulgação. Pode não parecer, mas a minha vida não é só glamour e carão: tem muita ralação também! **Mas, às vezes, mesmo depois de tanta dedicação, quando um trabalho finalmente é publicado, leio comentários como: "Achei esse vídeo um pouco forçado".**

Muitos também reconhecem meu empenho, me apoiam e incentivam — e a essas pessoas eu sou eternamente grata —, mas a verdade é que as críticas já se tornaram parte da minha rotina e por isso já não me abalam mais.

Hoje, tenho cinco séries no meu canal no YouTube, além de um filme lançado pela Netflix. Numa rápida comparação entre o primeiro e o último trabalho, qualquer um percebe a diferença e a evolução da qualidade das atuações, do texto e de tudo. Isso só foi possível com muito esforço, muita vontade de inovar e, principalmente, disposição para correr riscos.

Além do meu tempo, da minha energia e da minha criatividade, já cheguei a investir todo o dinheiro que eu tinha no meu primeiro projeto, por apostar que aquilo daria certo. E deu. Por isso, dou muito valor à minha trajetória profissional: só eu sei tudo que passei para construir essa carreira e não aceito mais ser menosprezada.

As pessoas que me julgam talvez não tivessem metade da coragem que eu tive para arriscar e construir uma carreira do zero, sem experiência e sem orientação profissional, exposta a opiniões cruéis, vulnerável a todo tipo de ataque. Mas foi assim que eu cresci: na dor, na marra, sob críticas, xingamentos e ameaças. Eu me tornei uma mulher empreendedora, competente, bem-sucedida e forte.

Por isso, encerro este capítulo com um recado especial aos haters: **vocês têm um papel importantíssimo no meu amadurecimento e no meu sucesso.** Se não fossem vocês, talvez eu não tivesse chegado tão longe. Sei que a intenção de vocês não era essa, mas, como sou uma menina muito educada, faço questão de agradecer: *muito obrigada!*

ESCREVA AQUI TODAS AS COISAS NEGATIVAS QUE JÁ DISSERAM SOBRE VOCÊ.

Eu já ouvi muitas coisas ruins sobre mim e meu trabalho, já recebi muitas mensagens de ódio e precisei digerir tudo isso. Precisei encarar os meus maiores medos e ser melhor e mais forte do que todo o mal que já me desejaram.

CAPÍTULO 8

CONSELHOS A UM JOVEM INFLUENCIADOR

OUTRO DIA ME PEGUEI PENSANDO QUE, SE TUDO DESSE errado na minha carreira, eu poderia me aventurar numa nova profissão: consultora anticancelamento! Tô brincando! Pode ficar tranquilo, não estou pensando em virar *coach*. Mas é que, depois de ser cancelada tantas vezes, eu me tornei quase uma especialista no assunto, e meus amigos influenciadores sempre me procuram para trocar ideias ou pedir conselhos.

A real é que todo mundo tem medo do cancelamento. Para muitos de nós, influenciadores digitais, essa palavra é como uma sombra que vive nos perseguindo, sempre à espreita. Não digo isso apenas pelo receio que muitos têm de perder contratos de trabalho por conta dos danos que o cancelamento traz à imagem de qualquer um. É claro que a gente pensa nisso, afinal, nenhuma marca consolidada e com credibilidade quer se associar a um influenciador envolvido em polêmicas e escândalos. **Mas, sinceramente, só quem nunca foi cancelado acha que o prejuízo financeiro é a pior parte.** Quem já passou por essa experiência teme algo muito mais devastador: não sobreviver ao massacre das redes sociais. O medo de se tornar uma pessoa triste, reprimida, traumatizada, de nunca mais voltar aos eixos.

Toda hora, recebo pedidos de ajuda de amigos que precisam lidar com essa angústia. Alguns me procuram quando sofrem um cancelamento inesperado, querendo conselhos para dar a volta por cima, mas a maioria pede a minha opinião quando acha que pode existir algo de duvidoso no seu conteúdo — quando apita o "alarme pré-cancelamento", sabe?

Nesses casos, meu conselho é sempre o mesmo: se você precisou pensar muito antes de postar alguma coisa na internet, se acendeu uma luzinha na sua cabeça enquanto você se preparava para publicar um conteúdo, se você pensou "Será que vai dar problema?"... **Então, meu amigo, descarte esse post agora mesmo! Sua intuição está tentando te avisar que tem algo de errado com o que você planejava postar — ou, no mínimo, que a mensagem que você pretendia passar não está clara e permite interpretações erradas.**

Sei que pode parecer exagero ou excesso de cuidado, mas, com esse conselho, já ajudei a evitar que muitos amigos fossem cancelados. Não tem mistério: o conteúdo que você pretende publicar dá margem a mais de uma interpretação, envolve assuntos delicados ou polêmicos, pode ofender alguém e você simplesmente não tem conhecimento suficiente sobre o assunto? Então, apenas não poste. Tão simples, né?

Pois é, parece simples, mas nem sempre a gente se lembra disso quando está com o smartphone na mão. Às vezes, o impulso de compartilhar alguma coisa com os seguidores fala mais alto e impede que a gente analise o conteúdo antes de postar. Mas isso é um perigo! Afinal, um vídeo que parece engraçado para você, por exemplo, pode ser ofensivo para outras pessoas. Uma brincadeira que você considera inocente pode ser, na verdade, muito problemática — e talvez você só se dê conta disso quando for tarde demais.

É claro que também tem muita gente que faz publicações polêmicas de propósito, por achar que vai trazer mais seguidores, visibilidade e engajamento. É uma estratégia naquela linha "falem bem ou falem mal, mas falem de mim". Mas, olha, eu definitivamente não recomendo isso, viu? Para ser sincera, acho que só mesmo alguém que nunca sentiu na pele a dor do cancelamento é que pensaria assim. Eu me arrependi de todas as vezes que ignorei a minha intuição e me expus em público: o tribunal da internet nunca me perdoou.

Com isso, não estou dizendo para você se censurar ou assumir um posicionamento com o qual não concorda só para agradar aos outros. Nada disso! **O que eu quero aqui é sugerir que você sempre faça uma reflexão antes de publicar qualquer coisa nas redes sociais.** Aliás, esse é um cuidado que todos deveriam ter, não apenas os influenciadores, mas a responsabilidade de quem trabalha com a internet é ainda maior: tem milhões de pessoas de olho no que a gente posta, seguindo as nossas recomendações e se inspirando nas nossas dicas.

Sei que, às vezes, a gente esquece que tem mais pessoas assistindo ao que fazemos — pois é, isso não acontece só com participantes de reality show! Postar fotos e vídeos da nossa rotina se tornou algo tão comum que de vez em quando a gente se distrai e acha que só os nossos amigos veem o que publicamos. Mas a verdade é que, na internet, estamos expostos a muitas pessoas — no caso dos influenciadores, esse número chega à casa dos milhões. É muita responsabilidade falar para tanta gente!

Por isso, acho que todo influenciador tem que analisar com cuidado o que diz e publica. Nossa profissão não tem esse nome à toa: somos exemplo e influência para milhões de pessoas. Quem tem crianças e adolescentes como público principal precisa estar ainda mais atento, já que seu conteúdo atinge pessoas que estão se descobrindo, formando valores, princípios, opiniões.

Eu me preocupo muito com isso. Não quero correr o risco de disseminar mensagens preconceituosas, de incentivar o bullying ou de contaminar os meus seguidores com qualquer

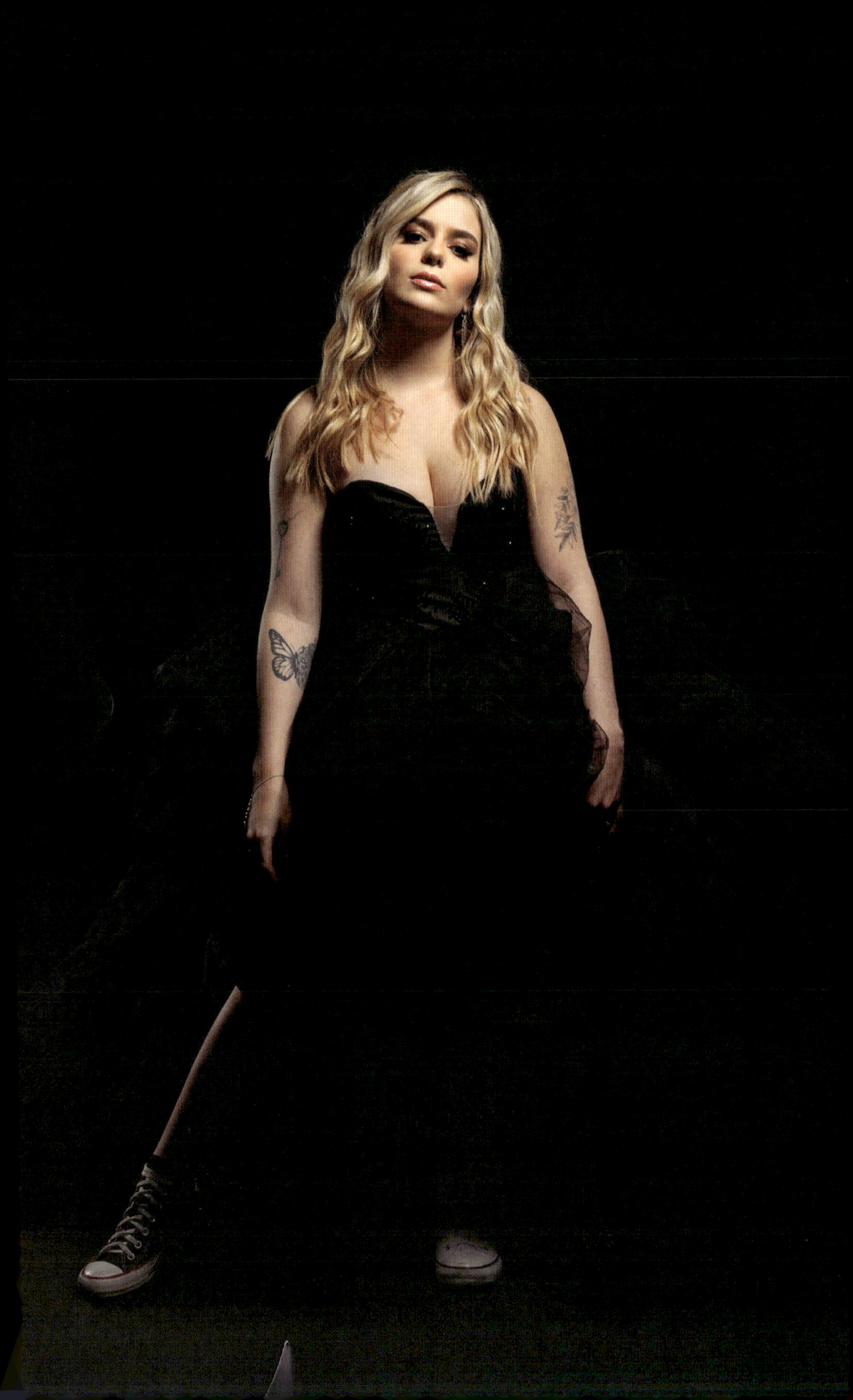

vibe errada, porque sei que muitos deles se inspiram em mim. Não é só com o cancelamento que a gente deve se preocupar, mas principalmente com a mensagem que chega às pessoas que nos acompanham. **Não quero ser uma influência ruim, quero fazer da minha visibilidade uma ferramenta para espalhar boas ideias, mensagens importantes, que agreguem algo positivo a quem me assiste.**

Pelo mesmo motivo, quem é ou pretende ser influenciador precisa cuidar bem da saúde mental. Como já conversamos no capítulo 5, na internet estamos vulneráveis a ataques, ofensas, invasão de privacidade, mentiras e uma série de questões que podem nos afetar emocional e psicologicamente. Mas até mesmo o retorno positivo pode ser um problema: receber sempre muita atenção, muitos elogios, pode nos deixar confusos, com uma ideia distorcida de quem somos, principalmente na infância e na adolescência. Por isso, procure fazer terapia e cuidar desde cedo da sua saúde mental — tenho certeza de que vai ser bom para você e para o conteúdo que você transmite aos seus seguidores.

Outra lição essencial para qualquer aspirante a influenciador é aprender a diferenciar notícias verdadeiras das fake news, essa "praga" que causa estrago por onde passa: na política, no entretenimento, na ciência, em todo lugar. Fico muito triste quando vejo influenciadores compartilhando notícias falsas, porque tenho noção da proporção que aquilo pode tomar. **Então eu preciso te fazer um pedido: não importa se você tem milhões de seguidores ou acabou de criar o seu perfil nas redes sociais, por favor, verifique a fonte de tudo o que compartilha na internet!**

De onde veio aquela notícia? Você leu num veículo que tem credibilidade? Como pode garantir que aquela foto que seu tio te mandou pelo WhatsApp é real e não uma montagem? Bem, existem muitas maneiras de descobrir se uma informação é verdadeira ou falsa. O portal Boatos.org, por exemplo, reúne e desmente vários dos boatos que são inventados on-line diariamente e existem vários outros sites que prestam esse serviço de verificação.

O importante é que você sempre confira as informações em veículos confiáveis e consulte os perfis oficiais dos envolvidos nas histórias que são contadas na internet. Não compartilhe qualquer coisa que recebe pela web, ou pode acabar colaborando com uma das coisas mais podres da internet:

as fake news.

Mas, além de não disseminar fake news, quem se expõe na internet precisa estar preparado para ser alvo dessa indústria. Uma foto sua pode ser tirada de contexto e usada para "comprovar" uma notícia inventada, um comentário feito por um amigo em um vídeo seu pode ser interpretado como sinal de que vocês brigaram, e às vezes até um simples like que alguém dá numa foto sua é motivo para inventarem um novo *crush* para você. **É algo que foge ao nosso controle e é desesperador.**

Eu fui vítima de fake news muitas vezes, já até perdi as contas. Até mesmo quando eu estava confinada em um reality show, sendo filmada 24 horas por dia, conseguiram atribuir a mim algo que eu nunca disse — e muita gente acreditou! Inventaram que eu havia dito que chegaria à marca de 25 milhões de seguidores quando deixasse o programa, coisa que eu nunca nem especulei. Mas nem sempre as histórias criadas pelos mentirosos da internet são tão fúteis quanto essa — no meu caso, já inventaram coisas terríveis, que me deixaram arrasada, sem saber nem por onde começar a desmentir.

Quantas vezes você já viu uma pessoa ter a reputação destruída por causa de uma mentira? E o pior é que, por mais que a verdade seja esclarecida, é como se a sombra do boato continuasse rondando aquela pessoa. Sempre tem alguém para duvidar: "Será que era só uma fofoca mesmo?"

É tão triste pensar em todos aqueles que tiveram a vida marcada para sempre por histórias inventadas!

Não existe receita para evitar ser alvo das fake news e fanfics que circulam pela internet, infelizmente. Na verdade, fofocas e boatos sempre existiram, desde que o mundo é mundo, e as redes sociais só aumentaram o alcance e a velocidade com que essas mentiras se espalham. O que a gente pode fazer é evitar alimentar esse "monstro" digital.

Vamos pensar, por exemplo, nos perfis de fofoca que existem aos montes nas redes. Tenho muito respeito e admiração por vários deles, que realmente fazem seu trabalho com profissionalismo: apuram as informações, ouvem todos os lados envolvidos nas histórias para garantir que não vão publicar nada incorreto ou injusto e entendem que, **por trás de qualquer boato de internet, existem pessoas, vidas que podem ser prejudicadas.**

O problema é que nem todos agem assim. Alguns administradores de perfis de fofoca, infelizmente, vivem de sugar o conteúdo que os famosos publicam sobre a própria vida, tentando encontrar duplos sentidos, distorcer fatos e criar polêmicas. Buscam engajamento a qualquer preço e se aproveitam da curiosidade que as pessoas têm sobre a vida alheia, dessa sede pela tragédia e pelo escândalo. Pegam carona na popularidade de artistas e influenciadores — que é fruto do trabalho de cada um — e fabricam notícias para conseguir visibilidade sem precisar produzir nada relevante.

Acontece que os perfis que inventam mentiras só têm todo esse poder porque existe muita gente disposta a curtir e compartilhar esse tipo de conteúdo. Ou seja, mais uma vez, está nas suas mãos: quanto menos audiência você der aos mentirosos, menos mentira vai circular pela internet.

Alimentar polêmicas é uma maneira muito fácil de conseguir likes, engajamento e, consequentemente, dinheiro. Mas, apesar de saber que isso é muito lucrativo, acho que não vale a pena. Aliás, se você é influenciador digital ou pensa em seguir essa carreira um dia, deixa eu te dar uma dica: **é muito mais gratificante crescer sabendo que seu conteúdo é bom e conquistou o respeito das pessoas.** Polêmicas, fofocas e boatos podem trazer muito engajamento e até um bom número de seguidores — sou a prova viva disso, já que todos os episódios de cancelamento por que passei trouxeram números altíssimos para as minhas redes sociais. Mas, definitivamente, nada disso compensou meu sofrimento.

Além do mais, os números não definem quem tem mais valor na internet. Se você pretende construir uma carreira como influenciador digital, é muito importante apostar na quantidade de conteúdo, publicar com frequência, marcar presença nas redes, mas jamais descuide da qualidade. É isso o que determina o valor do influenciador digital.

Tenho certeza de que, se o seu trabalho tiver princípios e relevância, marcas muito mais importantes e sólidas vão querer se associar a você. Além disso, você vai conversar com um público mais inteligente e interessante e, o melhor de tudo, vai poder deitar a cabeça no travesseiro e dormir tranquilamente, sabendo que o seu sucesso é fruto da qualidade do que você produz.

Já passei muitas noites em claro depois de receber uma avalanche de críticas na internet por conta de alguma polêmica. Os números das minhas redes bombavam, mas eu estava infeliz: não era aquilo que eu queria para a minha carreira, que eu tinha sonhado para a minha vida. Hoje eu durmo em paz, porque sei que meu trabalho tem a minha cara e reflete o meu esforço e o meu caráter. Não existe alívio maior que esse, viu?

JOGO DOS ERROS

Apontar os erros dos outros é fácil, não é mesmo? Todo mundo está pronto para julgar quando erramos e só lembrar tudo de ruim que fazemos. Será que você é tão bom em achar erros assim? **Prove agora e marque os SETE erros nessas imagens.**

Respostas na p. 127.

CAPÍTULO 9

EXISTE VIDA APÓS O CANCELA

MENTO

TUDO TEM UMA PRIMEIRA VEZ

CANCELADA

TODO AMOR TEM SEGREDOS

AMIGA INIMIGA

CANCELADA

NOS CAPÍTULOS ANTERIORES, DEI ALGUMAS DICAS PARA evitar o cancelamento: pensar bem antes de cada publicação, ter sempre a supervisão de alguém da sua confiança, saber se posicionar, entre outras. Mas pode ser que, mesmo seguindo todos esses conselhos, você não escape. Nada é garantido. Afinal, como eu já disse neste livro, hoje em dia, **só não é cancelado quem não é conhecido.**

Por isso, se você estiver lidando com o cancelamento ou com qualquer tipo de decepção ou tristeza agora, vou te contar como consegui dar a volta por cima. É claro que cada pessoa é diferente e tem a própria trajetória, então pode ser que o que funcionou para mim não dê certo para você. Mas eu espero que pelo menos a minha história te ajude a perceber que você não está sozinho e que, sim, **existe vida após o cancelamento.**

Talvez você esteja a fim de ouvir conselhos como "Ame a si mesmo", ou "Calma, vai passar". Mas, cá entre nós, na vida real nada disso é tão simples quanto parece, né? Quem é que consegue manter a calma e amar a si mesmo enquanto um turbilhão de mensagens, xingamentos e ofensas chega pelo seu direct?

Não, as dicas que você vai encontrar aqui não são as mais comuns. Quero te dar conselhos reais, baseados numa história real: a minha.

»»»»1. PARE DE BUSCAR A APROVAÇÃO DOS OUTROS

Talvez essa tenha sido a grande batalha da minha vida. Eu sempre quis ser a filha ideal para os meus pais, ter muitos amigos na escola, ser querida por todos por onde passava. Mas, como você sabe, nada disso aconteceu.

Confesso que me entristece lembrar todo o tempo que perdi buscando a aprovação de outras pessoas e sofrendo por nunca ter conseguido agradar a todos. **Por outro lado, esse sentimento me encoraja a compartilhar com você o que aprendi.**

Hoje entendo que as pessoas nos veem como querem. No caso dos famosos, isso acontece de um jeito ainda mais explícito: o público enxerga as celebridades como se fossem personagens de novela. O problema é que, como em qualquer trama, nem todo mundo pode ser mocinho:

alguém precisa fazer o papel de vilão.

E qualquer um pode dar o azar de ser o escolhido da vez. Eu já fui a escolhida e sei como dói, mas aprendi a me levantar.

Pensando bem, isso não é muito diferente do que acontece num grupo de amigos, na escola, no ambiente de trabalho e até mesmo na família, né? Sempre tem alguém para ser o patinho feio do rolê. Não quero dizer, de jeito nenhum, que as pessoas estão certas em eleger alguém para criticar e zombar. Mas quero que você entenda que isso diz mais sobre elas — que precisam ter a quem odiar, custe o que custar — do que sobre você. Portanto, às vezes, não vale a pena fazer tanto esforço para mudar a opinião que os outros têm sobre nós.

Não importa se você é conhecido por pouquíssimas pessoas ou tem um público enorme te acompanhando: se cismarem em te rotular como um chato, falso, mimado, irritante, forçado, nada do que você faça vai mudar isso. **As pessoas acreditam no que querem.**

Aliás, você provavelmente é um pouquinho chato, falso ou mimado mesmo, como todo mundo, inclusive aqueles que nos criticam. Então, numa boa, não leve essas críticas tão a sério e nem se cobre demais. Reconheça que você também tem defeitos, mas não perca seu tempo tentando conquistar a aprovação de ninguém.

꙳꙳꙳꙳2. VOCÊ ERROU E VAI ERRAR DE NOVO

Sim, você já errou e vai continuar errando. Pode ser que os seus maiores erros tenham acontecido em público — todo mundo na escola ficou sabendo, sua família descobriu ou, pior, a internet toda decidiu te cancelar. Ou, quem sabe, você teve a "sorte" de conseguir manter suas falhas em segredo. Seja como for, você é igualzinho a mim, ao seu vizinho e até aos seus ídolos: todos nós erramos.

Falando assim, parece até simples de aceitar, né? "Todo mundo erra", pronto, acabou o drama. Mas a gente sabe que não é nada fácil perceber que mandou mal numa situação, magoou um amigo ou causou sofrimento a quem quer que seja. Ok, tem gente que não se importa em prejudicar outras pessoas, mas, de modo geral, o remorso vem forte quando a ficha cai e a gente se dá conta do que fez. Isso é normal e até positivo (já pensou se ninguém ligasse?), mas é importante dar um limite a essa culpa.

Acho que, no fundo, a gente se sente tão mal quando erra porque vê as nossas falhas escancaradas na nossa frente. É difícil aceitar que não somos perfeitos, que cometemos erros, que também somos grosseiros, egoístas, chatos, manipuladores, capazes de julgar, trair e machucar. **Apontar os problemas dos outros é muito confortável, mas encarar o espelho e enxergar nossas próprias sombras às vezes dói no ego.**

Sinto dizer, não tem escapatória! Você errou, vai errar de novo e precisa estar preparado para reconhecer isso, refletir, pedir desculpas e seguir em frente. É claro que é possível evoluir e melhorar — é para isso que estamos aqui! —, mas ninguém deve ter a expectativa de nunca mais errar. Admita que você não sabe de tudo e que ainda tem muito o que aprender. Posso garantir que isso vai te fazer um bem enorme!

Hoje sinto que perdi o medo de errar, e essa é uma grande vitória para mim. Entendi que vou continuar cometendo erros, mas hoje penso em como lidar com eles: o que posso aprender com cada uma das minhas falhas? Como posso reconhecê-las e evoluir? É isso o que importa na vida.

»»»»3. NÃO TENHA VERGONHA DE SE ARREPENDER

Depois que a gente reconhece que errou, vem o arrependimento. Ai, acho que essa é a pior e mais preocupante das fases do processo de "cura", porque é quando o arrependimento bate que a gente desmorona. É aquele momento em que a tristeza parece ser maior que tudo, a culpa corrói o corpo todo, e a cabeça e o coração nem sempre aguentam. Às vezes, essa angústia desencadeia problemas psicológicos e até mesmo físicos. Nosso corpo sente o impacto da tristeza e acaba adoecendo.

Já me arrependi de muitas das coisas que fiz nessa vida — algumas se tornaram públicas, outras não — e em todas as vezes me senti um lixo, como se não me reconhecesse mais. Mas o arrependimento ensina. Nessa etapa, a gente faz reflexões e escolhas que podem mudar a nossa vida para sempre, e assim nós amadurecemos.

Por isso, se você cometeu um erro, seja lá o que tenha sido, mas se arrependeu sinceramente e tem vontade de mudar de comportamento e atitude, não se envergonhe. Você acabou de dar um passo importantíssimo rumo ao aprendizado e à evolução. As críticas não servem apenas para te machucar: também podem te ajudar a amadurecer.

O problema é que, embora o arrependimento possa provocar mudanças profundas em nós, muita gente escolhe não acreditar na sinceridade do que sentimos. Depois daquela história infeliz com o gato, perdi as contas de quantas vezes abri meu coração para dizer que estava arrependida e tive que ler comentários que me acusavam de ser falsa, fingida, cínica, de forçar o choro para me fazer de coitadinha!

Além disso, sinto que o arrependimento, mesmo que sincero, não basta para que os canceladores "absolvam" alguém. Eles querem nos ver tristes e destruídos, não arrependidos. Mesmo assim, se você entende que errou, diga o que sente, peça desculpas. Não precisa se humilhar, mas reconhecer uma falha é um gesto muito importante e humano. Podem te acusar de mentir, podem duvidar de você, mas não deixe isso te impedir de dizer o que está no seu coração. Não permita que te tirem o direito de pedir desculpas e, principalmente, de evoluir a partir do que aprendeu. **Isso também é por você mesmo. Pedir desculpas, evoluir e se libertar vai te fazer muito bem.**

Se o cancelamento chegou até você e te causou arrependimento, tire um tempo para si, para pensar e acalmar seu coração. Saia um pouco das redes sociais, mesmo que isso gere ainda mais críticas. **Essa não é uma atitude covarde, nem uma fuga da obrigação de se explicar para as pessoas, mas sim um gesto de autocuidado.** Poupe-se da avalanche de ofensas que não vão te ajudar em nada e se concentre no seu próprio arrependimento, no que você acredita que precisa mudar.

»»»»4. PERDOE-SE!

A gente sempre fala sobre a importância de perdoar as pessoas que nos machucam e de pedir perdão quando somos nós que erramos. Mas será que somos capazes de perdoar a nós mesmos? Bem, posso garantir que só sobrevivi ao cancelamento porque consegui me perdoar.

Não sei se você também é desses, mas eu sempre me cobrei muito. Então, quando me vi diante dos meus erros e das consequências que cada um deles trouxe à minha vida, custei muito a *me* desculpar. Eu sentia como se tivesse a obrigação de me punir e me torturar com pensamentos terríveis, que acabavam com a minha autoestima.

Naquela época, os comentários dos haters já nem me atingiam tanto: o mais difícil era lidar com o meu próprio julgamento. **Afundei na depressão, na ansiedade e na síndrome do pânico, e, como já contei aqui, precisei de ajuda profissional para sair dessa.**

Com o tempo, a terapia me ajudou a entender que eu podia e precisava me perdoar para superar aquela tristeza e aquele medo gigantescos, que já me paralisavam completamente. Por isso é tão importante procurar ajuda psicológica. Como conversamos no capítulo 5, nessas horas a nossa saúde mental se fragiliza, e é essencial ter a orientação de um profissional para nos ajudar a lidar com esse turbilhão de sentimentos.

Foi só depois de dar todos esses passos que consegui avançar para a última etapa desse longo e doloroso processo: a superação. Quando parei de buscar apenas o perdão dos outros e me dediquei a me perdoar, tudo ficou mais leve. Mas esse autoperdão demorou muito a chegar, e, até lá, passei boa parte da vida me culpando por tudo de ruim que acontecesse ao meu redor.

Percebi que, antes de pedir desculpas a quem quer que eu tivesse ofendido ou magoado, eu precisava ter uma boa conversa comigo mesma. E esse é o conselho que te dou: olhe para si mesmo como se você fosse um amigo querido que cometeu um erro. Você seria capaz de perdoar esse grande amigo? Provavelmente sim, né? Então, seja seu grande amigo por um momento. Faça as pazes consigo mesmo e aproveite essa sensação deliciosa de alívio e tranquilidade.

»»»»5. OLHE PARA A FRENTE

Os sonhos sempre foram o meu grande refúgio. Tudo bem, sei que exagerei nas idealizações no passado, mas ainda acredito que vale muito a pena fazer planos para o futuro. Aliás, os meus sonhos me salvaram. Foi por causa deles que não desisti da minha vida e consegui dar a volta por cima.

Não sei dizer se aprendi a agir assim ou se aconteceu naturalmente, mas, em todos os momentos difíceis, busquei transformar a minha angústia em produtividade, criação e trabalho. **Foi dessa forma que consegui levantar mais forte depois de todas as quedas que sofri, desde muito cedo.**

Quando meus pais se separaram e eu vi meu mundo desabar pela primeira vez, criei meu canal no YouTube para me distrair e amenizar a dor, o que funcionou como uma espécie de terapia enquanto eu sofria com a síndrome do pânico. Mais tarde, quando passei pelo episódio mais traumático da minha vida, o pior dos cancelamentos que vivi, reuni todas as minhas forças e criei a primeira websérie do meu canal, de um jeito totalmente inovador. Agora, peguei todas as críticas, todos os xingamentos e todo o ódio que recebi ao sair do reality show e transformei neste livro, que eu espero que seja a minha contribuição para tornar a internet um lugar melhor — e, quem sabe, o mundo também. Sonhar baixo nunca foi a minha.

Aos poucos, a sensação de paralisia que experimentei todas as vezes que fui cancelada ou que vivi um trauma muito forte foi passando. Mas isso só foi possível porque, com o apoio da minha família e ajuda psicológica, consegui ter forças para olhar adiante e seguir em frente. Fiz do trabalho meu escudo, minha barreira de proteção e meu combustível. É assim que me sinto bem: em movimento, criando, pirando nas ideias e produzindo.

Sei que não devemos lutar contra os sentimentos ruins e que viver a tristeza e até mesmo a raiva é importante no processo de superação de um trauma, mas ficar parada apenas lamentando os erros nunca me ajudou. **Eu sempre fiz planos, pensei no futuro, e foi isso que me fez resistir. Desse jeito, mostrei a todos que posso até me desequilibrar e cair, mas sempre vou me levantar, não importa o que digam os canceladores.**

Sei que posso soar prepotente ou mesquinha quando digo que transformei as críticas que recebi em trabalho e sucesso. Mas a verdade é que essa foi a maneira que encontrei de me defender do mundo que me atacava, de aceitar a minha história, sem permitir que o olhar dos outros me limitasse, me impedisse de viver e me afundasse para sempre na tristeza.

Hoje, minhas dores são a minha força. Foi por isso, aliás, que decidi adicionar um detalhe especial à decoração da minha nova casa: um letreiro com a palavra "Cancelada" em neon. Gente, isso deu a maior repercussão! Muita gente entendeu esse meu gesto como uma maneira de romantizar o cancelamento e debochar das críticas que me fizeram, como se eu me orgulhasse dos erros que cometi. Como sempre, encontraram um jeito de implicar comigo. Mas não é nada disso.

O letreiro representa a mulher que sou hoje: cancelada, sim, mas vitoriosa também. Hoje não tenho vergonha da minha história e não me culpo mais pelos meus deslizes. Pedi desculpas, tive coragem de mostrar quem sou de verdade, fiz o que pude e agora sigo a minha vida com a tranquilidade de quem não deve nada a ninguém. **Aceito ser criticada e até agradeço pelos toques que me fazem crescer, mas nunca mais vou permitir que me ofendam ou que me calem.** Nunca mais vou me permitir ficar devastada e sem rumo por conta da opinião e do julgamento dos outros.

Escolhi colocar esse letreiro na minha casa, a minha mais nova conquista, para me lembrar de tudo que precisei superar para estar onde estou. Não é uma tentativa de apagar os meus erros — pelo contrário, aquela placa me lembra o tempo todo que eu já falhei e vou falhar novamente, mas que posso evoluir e crescer muito com cada experiência. Essa foi a forma que encontrei de encarar o cancelamento: como parte da minha história. Parte de mim, da minha experiência de vida, e eu não posso fingir que nunca aconteceu.

Tem gente que diz por aí que foi cancelado como se isso fosse um orgulho. Não, eu não me orgulho nem faço piada com o cancelamento, mas hoje também não ando mais de cabeça baixa, envergonhada pelo meu passado. Minha vida nunca foi feita apenas de vitórias, mas os meus erros também não me definem mais. **Sim, existe vida após o cancelamento. *Haters gonna hate.***

PENSE NESTA PÁGINA COMO A PAREDE DA SUA CASA: QUAL SERIA A PALAVRA QUE VOCÊ COLOCARIA EM UM LETREIRO?

Eu fiz questão de usar a palavra "cancelada", que representa tanto para mim! Todas as vezes que olho para ela, lembro tudo que aprendi, o quanto evoluí e todas as dificuldades que já enfrentei durante a vida. Eu me orgulho, sim, da pessoa que sou hoje, que soube aprender e evoluir com todos os cancelamentos.

CAPÍTULO 10

CANCELE O CANCELAMENTO

UFA! CHEGAMOS AO ÚLTIMO CAPÍTULO. QUERO TE AGRA- decer por ter me acompanhado nessa jornada. Não foi fácil abrir o meu coração, contar todos os meus segredos e reviver lembranças que até hoje me abalam, mas eu precisava falar, e finalmente me senti pronta para isso. Obrigada por ter aceitado ser meu confidente.

Este livro é a realização de um grande sonho. Já faz alguns anos que me preocupo com o ambiente tóxico que a internet se tornou, e, de uns tempos para cá, a situação parece ter piorado muito. Tenho visto cada vez mais gente ser exposta e atacada, sem o direito de pedir desculpas, de se arrepender ou dar a volta por cima. Reputações são destruídas, jovens desistem da própria vida, adolescentes têm cada vez mais problemas psicológicos, pessoas de todas as idades ficam marcadas para sempre. Por isso, decidi remexer o meu passado e revirar minhas próprias dores para escrever este livro e falar sobre as consequências e os efeitos do cancelamento na minha vida, na esperança de despertar em você algumas reflexões e, quem sabe, mudanças de atitude.

Você pode me achar idealista e até ingênua, mas eu realmente acredito que temos o poder de transformar as redes num lugar muito melhor para todos. Para isso, precisamos primeiro entender como e por que as coisas chegaram a esse ponto. Espero que este livro tenha te ajudado a compreender que esse cenário repleto de conflitos, ataques, humilhações e mentiras que vemos hoje na web é um reflexo dos nossos próprios sentimentos, do momento que o mundo vive.

Nossa sociedade está triste, em crise, passando por diversos problemas, e tudo isso se reflete em como nos comunicamos. Acho que estamos todos mais amargos, ansiosos e inseguros, o que nos leva a descontar essa angústia em outras pessoas, até mesmo em desconhecidos. Afinal, como já conversamos aqui, quem são os haters, se não grandes amargurados que se reúnem para odiar em grupo? **E os criadores de fake news? Quem são eles, se não desesperados por likes, engajamento e fama?**

No fundo, acho tudo isso muito triste e entendo que essas pessoas precisam da nossa ajuda e, principalmente, da nossa empatia. Aliás, essa palavrinha é muito citada, mas pouco praticada nas redes sociais. Empatia é a capacidade que cada um de nós tem de se colocar no lugar do outro, de tentar entender as suas motivações, dificuldades, limitações e feridas. É sentir uma dor que não é sua. Mas tenho a sensação de que as pessoas andam tão feridas pelos próprios machucados que não conseguem mais olhar para o lado e cuidar umas das outras. Por isso, este livro é também um convite meu para que você se conecte de verdade com as pessoas que te cercam e aprenda a ouvir, compreender e acolher.

A internet (aliás, o mundo!) seria um lugar tão melhor se a gente se dedicasse mais a conversar em vez de brigar e a ouvir antes de julgar! Sim, falo "a gente" porque estou nesse universo há tempo suficiente para saber que de cancelador e louco todo mundo tem um pouco.

Reconheço que também já julguei muitas pessoas (não em público, porque sei bem os efeitos desse tipo de exposição e não desejo a ninguém) e que também tenho curiosidade por assuntos nada edificantes — a boa e velha fofoca. Eu sou humana, ué! Mas sigo me esforçando para não rotular os outros a partir de uma única impressão ou acontecimento, porque acredito de coração que todo mundo pode se arrepender, mudar e evoluir.

Quem sou eu para negar esse direito a alguém? Aliás, em 2021, vivi uma experiência muito louca, que o Brasil inteiro acompanhou, e que me ensinou muito a não duvidar das pessoas. Aprendi errando, na marra, a não desacreditar os outros com facilidade.

Já pensou se fosse possível transformar todos os comentários negativos, indiretas, alfinetadas e fofocas que você já fez em elogios, críticas construtivas e mensagens positivas? Olha quanta coisa boa você já teria espalhado pelo mundo! Pois é, sei que não é fácil. O dedo às vezes coça para deixar aquele comentário cheio de veneno, né? Quem nunca? Mas hoje, quando vejo alguém falar mal de outra pessoa, seja ela famosa ou não, sempre intervenho e retruco:

"Para que tudo isso? O que essa pessoa te fez?"

Faço isso porque sou aquela de quem muita gente fala mal e sei como é doloroso e injusto estar nessa posição, mas também porque acredito que tudo que a gente faz um dia volta à nossa vida, de um jeito ou de outro. Se você é movido pelo ódio, infelizmente, não dá para esperar receber amor e empatia. Mas, se você é gentil, respeitoso e trata as pessoas com afeto, pode ter certeza de que vai colher tudo isso em dobro.

Hoje, os alertas estão ligados: qualquer passo em falso pode ser motivo para críticas. Essa mudança tem um lado muito positivo: sinto que as pessoas estão mais preocupadas com causas importantes, como o combate ao preconceito, por exemplo, e usam a internet para chamar a atenção para essas pautas e levantar debates fundamentais. Isso é saudável e muito diferente de cancelamento!

A grande diferença entre a crítica e o cancelamento é que as críticas nos ajudam a construir algo positivo, enquanto o cancelamento só nos destrói. É claro que aprendi lições muito valiosas depois que fui cancelada, após muita reflexão e aprendizado. Mas muita gente não teve a mesma "sorte" que eu, não conseguiu fazer desse limão tão azedo uma boa limonada e sofre até hoje as consequências do massacre digital — sem falar naqueles que, infelizmente, não resistem a tanto sofrimento e acabam tirando a própria vida.

    Amadureci muito depois de ter sido cancelada, mas todo esse aprendizado poderia ter vindo de um jeito muito diferente, sem tantos traumas e dores, sem que eu tivesse pensado em tirar a minha vida por não aguentar mais ser atacada.

Eu sobrevivi ao cancelamento, mas cuido até hoje das minhas cicatrizes.

Além disso, acho que os haters e canceladores prejudicam toda a sociedade quando escolhem se concentrar na pessoa que errou, na sua vida íntima e no seu comportamento individual, como se esse fosse o maior problema. Geralmente, o comportamento das pessoas é um reflexo do que a sociedade ensina — e é isso que a gente deveria discutir. Em vez de massacrar aquele que errou, não seria muito melhor discutirmos caminhos para que erros como aquele não aconteçam mais? É esse o convite que quero te fazer aqui, depois de todo esse nosso papo tão aberto e sincero.

A internet é feita por nós, o que significa que todos nós temos a oportunidade de mudar um pouquinho essa realidade. Não importa se você é famoso ou anônimo: cada curtida, compartilhamento ou comentário tem consequências. **Você pode estragar o dia de alguém ou ser o responsável pelo maior sorriso daquela pessoa: tudo depende das suas escolhas.**

Por isso, encerro este livro com um manifesto: cancelem o cancelamento! Por uma internet mais saudável, com menos ataques e mais diálogo, menos julgamentos e mais debate. Vai ser melhor para todos nós! Mas, para que isso se torne realidade, preciso de você. Não adianta terminar de ler este livro e, logo em seguida, abrir uma página de fofocas na internet, compartilhar uma notícia que você não sabe se é verdadeira ou deixar um comentário maldoso no perfil de alguém que está sofrendo ataques. Posso confiar em você, né?

Pronto, agora a gente tem um acordo. E, depois de ler este livro, você já me conhece por completo, sem segredos. **Esta sou eu: cancelada, sim, mas real também.** Ai, ai, tô até mais leve. E você?

AGORA QUE VOCÊ CHEGOU ATÉ AQUI, O QUE REFLETIU SOBRE A SUA VIDA? FAÇA UMA LISTA DAS COISAS QUE VOCÊ GOSTARIA DE MUDAR E/OU MELHORAR EM SI.

_____
_____
_____
_____
_____
_____
_____
_____
_____
_____
_____
_____
_____
_____
_____
_____
_____

SOLUÇÕES

página 84

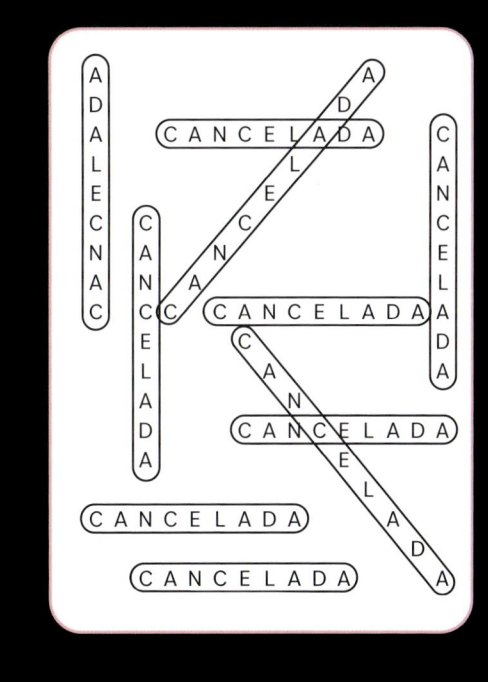

página 105

Direção editorial
Daniele Cajueiro

Editoras responsáveis
Camilla Costa
Janaína Senna

Produção editorial
Adriana Torres
Júlia Ribeiro
Rachel Rimas

Preparação de texto
Marília Lamas

Copidesque
Marcela Ramos

Revisão
Carolina Rodrigues

Capa, projeto gráfico de miolo e diagramação
Larissa Fernandez
Leticia Fernandez

Tratamento de imagens
Edição da imagem

Fotos da autora
Chores Rodrigues

Este livro foi impresso na Gráfica Rona Editora, em 2021, para a Agir.